日・本・論

一個外交家的日本風俗、政治、文化考

戴季陶

悲劇的知日家，經典的日本論

《表裏日本》作家・實踐大學應用日語系助理教授　蔡亦竹

講到戴季陶，一般人先想到的應該是他作為黨國元老的身分和他悲運之死，還有就是他「數奇」的身分和著名的親生子傳說了。

這位年輕時留學日本的一時才俊，的確在日本過了一段相當「前衛」的生活。不過他被人忽略的卻是他傑出的研究成果和身為中國第一等知日家的身分。連我都到了日本留學許久之後，才知道他是我東京師範、也就是日後筑波大學的大學長。而《日本論》一書，就是戴季陶對於日本的透徹觀察結晶。

不管是中國或是台灣，對於日本、尤其是戰前的大日本帝國評價總是相當兩極化。喜歡的人就皇民、皇軍個沒有完，討厭的就小日本啦軍國主義啦立刻國仇家恨渦輪增壓引擎上身。在這種氛圍下，戴季陶的《日本論》更顯珍貴。明治末期留學日本的戴季陶筆下沒有後來經過中日戰爭後的憤怒觀點，也沒有台灣50年統治期的愛恨交

錯。對年輕的「戴桑」而言，日本就是當時東洋唯一打敗西方帝國主義的列強，也曾經是中國復興的希望。

是的，日本曾經是中國復興的希望。

這句話對經歷過所謂八年抗戰的人們來說或許難以接受。但是在滿清倒台的前後，日本卻是中國留學生最多的國家。不管是在軍事、政治或是文法商等領域，日本都培養出無數後來日本一等一的人才。戴季陶如此，魯迅如此，甚至國共雙方的周恩來和蔣介石都有所謂的日本經驗，而孫中山更是與日本關係深遠，其雅號「中山」甚至來自他在日本使用的化名。但是這些史實在80年代前的台灣教育裏從來讀不到，我國小時老師甚至沒告訴我們孫文出生的中山縣是因為他而改名的。

這樣真的不好，而且這種不好遠在成書於90年前的《日本論》裏戴季陶就說過了。

戴季陶於書中開宗明義就強調，在日本可以看到成千上萬的中國問題研究，但在當時的中國卻充滿學習日本不如學習英美，或是日本根本沒有獨特文化、全都抄襲自中國等他國所以沒有研究價值的論調。對於這種故步自封的思考，戴季陶強調「不管你喜歡或厭惡日本，了解它都有絕對必要」，而且作為一個中國人，再怎麼嘲笑日本是中國和西洋的抄襲鬼一點意義都沒有。因為這個抄襲鬼當時不但先修理了過去數百年來作為東洋秩序中心的中國，後來還戰勝了俄羅斯帝國，甚至在第一次世界大戰時趁機出兵修理德國，算起來一共在中國的土地上和白種人打了兩次架，而且都贏。至於中國則是眼巴巴望著日本在自己的土地上耀武揚威，最後還理所當然地向中國吆五喝六地開條件，簡直得意忘形到極點。但是中國別說要拿它怎樣了，當時根本還得許多事情都向日本拜託。

同為東方人種，而且中國擁有絕不遜於日本的歷史和光榮傳統。對戴季陶這位據說日文好到讓人不知道他是留學生的日本通來說，心中的苦悶和懊惱想必更勝一般人。而這也是《日本論》成書的理由。

《日本論》的論述包括信仰、社會風俗、民族精神和政經概論，雖然書中對於日本傳統精神的論點，可以看出受到新渡戶稻造名著《武士道》的強烈影響，所以把武士視為日本社會中最高貴的階級，對於農民和商人階級則評價甚低，甚至認為同樣是日後的財閥領袖、武家出身的澀澤榮一就比商人出身的大倉喜八郎高尚許多。這當然忽略了武士的重農主義和商人階級也出現了石田心學這種實踐道德的史實，但是其中許多觀點從今天看來仍然擲地有聲、不失為細緻的日本文化觀察。作為一部了解日本的入門書籍，《日本論》精簡而不失嚴謹，而且內容生動又涉獵廣泛。就算拿來作為現代的日本文化教材，都不失其學術價值。而讀完全書之後，台灣讀者可能第一個感想就是所謂黨國元老的日本觀，真的和上個世紀學校所教的大相徑庭。過去（或許現在也？）拿反日作為意識形態的國民黨，真的沒有我們想的那麼討厭日本，甚至曾經把日本當成是最好的友人。

除了放諸任何時代皆準的日本民族論、信仰及社會形態分析之外，《日本論》最經典的還是戴季陶第一手的現代日本情報記錄。身為知日第一把交椅的戴季陶，很長一段時間都在孫文身邊協助處理對日的各種業務，也因此書中提到了許多讓今天的我們大為驚奇的史實。包括日俄戰爭的首相、陸軍的實力者桂太郎與孫文間的友誼，還有孫文「最知己的朋友」，竟然是日俄戰爭中一手打造日本海海戰壓倒性勝利的傳奇人物秋山真之。而我們過去觀念中根本對中國只有野心的大日本帝國，居然會有遺言說出「平日遺恨就是未能援孫倒袁，達成東洋民族之獨立自主」的首相，更不會想到司馬遼太郎名著《坂上之雲》裏的天才參謀秋山真之，居然是在物質和精神上，都給予孫文莫大援助的「中國之友」。而書中也提到日本根本是當時中國的鍊金寶地，去一趟日本回來之後不是賺大錢就是各種速成官啊軍啊法政啊立刻權位入手。所以許多中國的政治人物都無法抵擋當時來自東京的強力誘惑，只有一位徹底抵抗而讓日本恨之入骨想要除之後快的人物，就是過去被罵到臭頭的袁世凱。這位中華民國第一任大總統除了稱帝而遺臭萬年之外，最讓人詬病的就是接受喪權辱國的對華二十一條。但是在《日本論》書中，袁世凱卻是日本的眼中釘，簡直抗日模範。

《日本論》就是這麼一本引人入勝、甚至讓讀者過去的日本觀點一百八十度轉變的經典。這本書在近百年之後重新出版，除了讓讀者們重新認識這個東方島國之外，相信也能完成戴季陶這位鬱鬱以終的讀書人最大的心願。

就是從「反日」和「哈日」走向「知日」的真正文明開化。

我要把「日本」這一個題目，從歷史的研究上，把他的哲學、文學、宗教、政治、風俗以及構成這種種東西的動力材料，用我的思索評判的能力，清清楚楚的解剖開來，再一絲不亂的裝置起來。

要切切實實的，鑽到他社會裡面去。

中國人研究日本問題的必要

中國到日本去留學的人，也就不少了。的確的數目，雖然不曉得，大概至少總應該有十萬人。這十萬留學生，他們對於「日本」這個題目，有什麼樣的研究？除了三十年前黃公度[1]先生著了一部《日本國志》而外，我沒有看見有什麼專論日本的書籍。我自己對於日本，也沒有作過什麼系統的研究，沒有較為成器的著作。民國六年，在《民國日報[2]》上面，登過一篇連載四十天的文章，也不過是批評當時的政局，和十年來日本所倡的「親善政策」。離「日本」這個題目還是很遠。但是我十幾年來，總抱著一個希望，想要把「日本」這一個題目，從歷史的研究上，把他的哲學、文學、宗教、政治、風俗以及構成這種種東西的動力材料，用我的思索評判的能力，在中國人的面前，清清楚楚的解剖開來，再一絲不亂的裝置起來。但是我心有餘而力不足，講古代的研究呢？讀過日本書，既然不多，對於東方民族語言學，毫無所知，中國的歷史，尚且一些沒有用過工夫，研究日本古籍的力量，自然是不夠。講近代的研究呢？我也不曾切切實實的，鑽到他社會裡面去，用過體察的工夫。所以要作一部有價值批評日本的書，絕不是現在的我所做得到的。不過十多年來，在直覺上，也多多少少有一點支離破碎的觀察。在目前大家注意日本問題的時候，姑且略略的講一講，或者是大家所願意聽的。

你們試跑到日本書店裡去看，日本所做關於中國的書籍有多少？哲學、文學、藝術、政治、經濟、社會、地理、歷史各種方面，分門別類的，有幾千種。每一個月雜誌上所登載講「中國問題」的文章，有幾百篇。參謀部、陸軍省、海軍軍令部、海軍省、農商務省、外務省、各團體、各公司，派來中國長住調查或是旅行視察的人員，每年有幾千個。單是近年出版的叢書，每冊在五百頁以上，每部在十冊以上的，總有好幾種，一千頁以上的大著，也有百餘卷。「中國」這個題目，日本人也不曉得放在解剖台上，解剖了幾千百次，裝在試驗管裡化驗了幾千百次。我們中國人卻只是一味的排斥反對，再不肯做研究工夫，幾乎連日本字都不願意看，日本話都不願意聽，日本人都不願意見，這真叫做「思想上閉關自守」、「智識上的義和團」了。

我記得從前在日本讀書的時候，有好些個同學的人，大家都不願意研究日本文、日本話。問他們為什麼？他們答我的，大約有兩種話：一種說日本文日本話沒有用處，不比得英國話回了國還是有用的。一種是說日本的本身，沒有什麼研究價值，他除了由中國、印度、歐洲輸入的文明而外，一點什麼都沒有，所以不值得研究。這兩種意思，我以為前者是受了「實利主義」的害，後者是受了「自大思想」的害。最近十年來，日本留學生比以前少了些，速成學生沒有了，在大學文科的人，有幾個稍為歡喜和日本書籍親近些。所以偶爾還看見有介紹日本文學思想的文字。但只是限於近代的著述，而且很簡單。整個批評日本的歷史，足以供覘國者參考的，依然不多見。

我勸中國人，從今以後，要切切實實的下一個研究日本的工夫。他們的性格怎麼樣？他們的思想怎麼樣？他們風俗習慣怎麼樣？他們國家和社會的基礎在哪裡？他們生活根據在哪裡？都要切實做過研究的工夫。要曉得他的過去如何，方才曉得他的現在是從哪裡來的。曉得他現在的真相，方才能夠推測他將來的趨向是怎樣的。拿句舊話來說，「知彼知己，百戰百勝」，無論是怎樣反對他攻擊他，總而言之，非曉得他不可。何況在學術上、思想上、種族上，日本這一個民族，在遠東地方，除了中國而外，要算是一個頂大的民族。他的歷史，關係著中國、印度、波斯、馬來，以及朝鮮、滿洲、蒙古。近代三百多年來，在世界文化史上的地位，更是重要。我們單就學問本身上說，也有從各種方面作專門研究的價值和必要，絕不可淡然置之的。

我觀察日本錯不錯，是另外一個問題。但是我很希望多數人批評我的錯。倘若因為批評我的錯而引出有價值的著作來，那麼，我這一篇小著，也就不為無益了。

1 即黃遵憲（1848－1905），詩人、外交家、政治家。著作《日本國志》記載了明治維新時期的日本及之後發生的變化。

2 一九一六年創刊於上海，成立宗旨為討伐袁世凱，戴季陶為主要撰稿人之一。該報於一九四九年收刊。

萬世一系天壤無窮。

國法學專家……陸海軍軍人裡面，迷信「神權」和「神造國家」這些自尊自大自囿的傳說的，不曉得有多少。

神權的迷信與日本國體

各個民族，都有許多特殊的神話，在歷史上是很有價值的。日本人向來也有一個迷信，以為他們的國體，他們的民族，是世界上哪裡都找不出來的，是神造的。皇帝就是神的直系子孫，所以能夠「萬世一系天壤無窮[1]」。自從歐洲的科學思想，輸進了日本以後，那些科學家，應該漸漸和迷信離開，把這種神話，用科學的研究法來重新整理了。卻是學者裡面，現在還有幾個靠迷信過日子的人，把這些神話照樣認為一點不錯的事實。從前我有一個先生，是國法學專家，名叫做筧克彥[2]。論他的學問呢？的確是淵博精深。而且從前他和我們講憲法學的時候，他的思想，確是很進步。我個人的思想上，受他的啟發不少。那時他的法理學，在重法文而輕理論的當時日本法律學界，有很彰著的革命色彩。後來一點一點的向迷信一邊走，近年來的著作，差不多完全是神話。而他對於這些神話，絕對不用實證的考古學上的研究，只一味用自己的思索，在上古傳來的神話上，加些自己的哲學理論，使那些神話，更加神秘些。聽說在法科大學上講堂時候，開講要閉著眼合著手，對他幻想中的「祖神」表一番敬意。講完了的時候，亦復如此。細細考察起來，原來他的祖父，是神社裡的神官。他這迷信系統，就是從那裡來的。還有一個專門主張侵略滿蒙併吞中國的內田良平[3]，他的父親，也是神官。此外陸海軍軍人裡面，迷信「神權」和「神造國家」這些自尊自大自囿的傳說的，不曉得有多少。

就表面上看來，日本最盛的宗教是佛教，其實日本治者階級的宗教，卻是神教。神教的信徒，很多極力排斥佛教，不遺餘力的人，他們的理論，大概和韓退之一類，以排斥外來思想為主要目的。然而佛教的僧侶，絕沒有敢否認神教的。有些附會穿鑿的調和者，不是說某神即是某佛，便說某佛即是某神，這也是表現宗教之政治的地位和關係，各國都常有相類似的事實的。日本人迷信他們的國家，是世界無比的國家，他們的皇室，是世界無比的統治者，他們的民族，是世界最優秀的「神選民族」，這種思想，都從神教的信仰產生出來的，其實也不過是宗法社會裡面崇敬祖宗的道理。筧克彥博士說：「日本的國體，是萬邦無比的模範國體，無論到什麼時候，絕不會有人來破壞國體的。日本國體的精華，就是古來的神道。日本國家的權力，就是神道唯一信仰的表現。天皇就是最高的神的表現。愛神、敬神、皈依於神，以神表現的力量，就是天皇的大權。」這些思想本來也不是筧博士自己所發明，不過新式的法學家裡面，要算他是一個專講國粹的人罷了。

上面所講的那些傳說，不用說是發生在日本有文字以前的。自從中國文化和印度文化輸入日本以後，外來的制度文物，成了日本文化的基礎。日本的國民，不是皈依釋迦，便是尊崇孔子。後來漸漸文明發達，組織進步，國家的力量，也就強大起來。豐臣秀吉打平了國內群雄，戰敗朝鮮，日本的武功，已經到了極盛時代。德川氏承續豐臣氏的霸權以後，政治文物，燦然大備。傳入日本千餘年的印度、中國的思想，已經和日本人的生活，融成一片。於是日本民族自尊的思想，遂勃然發生。有一個有名的學者，叫做山鹿素行[5]，在這民族自尊心的鼓蕩裡面，創起一個日本古學派。這一個日本古學派之學術的內容，完全是中國的學問，並且標榜他的學問，是直承孔子，他對於中國儒家的學說，連曾子以下，都不認為滿意。對於漢唐宋諸家，尤其對於宋儒，更抨擊無遺，以為宋儒的思想，是破壞孔子之道的異端。但是他卻借了中國的學問來造成日本民族的中心思想。我們看他的著作，就曉得在方法上、理論上，都沒有一點不是從中國學問得來，沒有一處不推崇孔子之道，而精神卻絕對兩樣。他是鼓吹「神造國家」「君主神權」。山鹿氏所著《中朝事實》一本書裡面，把他的思想根據，也就發揮盡致了。再從另一方面，日本民間的信神思想，一方面受著中國思想的影響，一方面受著佛教思想的感化，隨日本統一的國力發展，漸漸脫卻了地方色彩生出國家的色彩。而這一種新國家色彩，又由宗教的信仰，和文學美術的陶融，賦與以較為優美高尚而有力的世界性和社會性。後來日本種種進步，都要算是這一個時代的產兒。那些傳說，是什麼東西呢？不用說，就是中國子不語的「盤古王開天地」「女媧氏煉石補天」。我且把《日本古事說》[6]裡面開天闢地的一段，譯了出來，別種傳說的內容，也就可以即此類推了。

「天神下了一個詔書給依邪那岐命、伊邪那美命兩位尊神，要他把那個漂蕩的國土，修理堅固，又賜他一根『天沼矛』。這兩個尊神，領了詔書，站在天浮橋的上面，把『天沼矛』往下面海水裡一攪，抽起來的時候，矛尖上的海水，滴了下去，積了起來使成了一個島，這就叫做淤能碁呂島。」

這一種傳說，我們從他的象徵研究起來，很容易明白是由男女生殖觀念發生出來的，天沼矛就是男子生殖器的象徵，而這一篇故事，無非是表現「男女構精，萬物化生」。在古代思想裡面，幾乎沒有一個民族沒有這一類的信仰，而在男系家族制度擴大起來的日本統治組織上面，更是很自然的事實，絕不足奇的。

1 萬世一系語出巖倉具視的《王政復古議》，天壤無窮語出《日本書紀》。此句多用於形容皇室的正統與長久。

2 筧克彥（1872—1961），專長為公法、法學理論，任教於日本多所知名大學法學院。

3 內田良平（1874—1937），日本右派政治家，主張滿洲獨立。

4 韓退之，即韓愈。

5 山鹿素行（1622—1685），江戶時代儒學者、兵學者，以中國學問重新解釋武士道精神。

6 此處應為《古事紀》，完成於西元七一二年，由日本天武天皇下令編撰，內容包含以天皇為中心的歷史、神話、傳說等。

日本自己統一的民族文化，已經具備了一個規模，當然要求獨立的思想，於是神權說又重新勃興起來。

皇權神授思想
及其時代化

中國在孔子的時代，封建制度漸漸破裂，交通的發達，工商業的進步，一方面打破了舊國家觀念，一方面產生出人類同胞的世界思想。這時已經打破了許多傳說的迷信，拋棄了君主神權，而平民思想和平天下的思想，就從此刻興盛起來。日本到了現代，還沒有完全脫離君主神權的迷信。就近代科學文明看來，日本的學問，固然較中國進步了許多，這不過是最近五六十年的事實，除卻了歐洲傳來科學文明和中國印度所輸進的哲學宗教思想而外，日本固有的思想，不能不說是幼稚。然而這件事不能算是日本的恥辱。並且他幼稚的地方，正是他蓬蓬勃勃，富有進取精神發展餘地的地方，絕沒有一些衰老頹唐的氣象。他是一個島國，而且在文化歷史上，年代比較短些。他的部落生活，到武家政治出現，才漸漸打破，直到德川時代，造成了統一的封建制度，才算是造成了現代統一的民族國家基礎。如果從社會的發展歷史上看來，日本的維新，則和秦漢的統一足以相比。

這一個神權的思想，差不多支配了日本的治者階級，以為皇帝的大權寶位，是天神傳授下來的。和德國凱撒說他自己是天使，德國民族是天的選民，一樣荒唐。那些軍人和貴族，他們的地位既由傳統而來，當然也一樣迷信部落時代的傳說，或者有些理想上知識上，已經打破了這種觀念的人，為維持階級特權，也絕不敢便說這些神話是假的。今天還活著的封建時代遺留下來七八十歲的老人們，本來腦根裡面所裝的，只有一些封建時代的故事，不用說除了這種迷信之外，再也沒有他自己的個性精神，這也是毫不足怪的。不過當此刻這樣一個時代，日本政治的支配權，還脫不了這一種人的手，不能不說是危險萬狀了。

神秘思想，成為日本人上古時代國家觀念的根源，這是毫不足怪的。到了中古時代，中國的儒家思想，和印度的佛教思想佔了勢力，那一種狹隘的宗族國家觀念，已經漸漸消沉下去。後來日本人咀嚼消化中國文明的力量增加起來，把中國和印度的文明，化合成一種日本自己的文明，這時日本自己統一的民族文化，已經具備了一個規模，當然要求獨立的思想，於是神權說又重新勃興起來。我們看山鹿素行講到中國的學說，只推尊孔子，把漢以後的學說，看作異端邪說，我可以曉得他們復古情緒中所含的創造精神了。此時他的範圍已擴大了許多，從前只是在日本島國裡面，主張神的權力，到得山鹿素行時代，更進一步，居然對於世界，主張起日本的神權來了。日本的明治維新，就是神權思想的時代化，所以他們自稱是王政復古[1]。那些倡王政復古的學者，雖然是各方面都有，漢學家的力量尤其大，然而推動的主力，還是要算山鹿素行一系的古學家。且把素行學派中後起的吉田松陰[2]的著作，詳詳細細的看起來，就曉得日本維新史的「心理的意義」在哪裡了。《坐獄日錄[3]》裡面有一節說：

「皇統綿綿，傳之千萬世而不能易，此絕非偶然。『皇道』之基本，就是在此。當初天照皇大神，傳授三種神器，給瓊瓊杵尊[4]之時，曾發過一個誓，說是『皇統的興隆，可以有和天地一樣長的壽』。中國和印度那樣的國家，他們的皇統怎麼樣，我是不曉得，卻是日本皇統的運命，就是和天地一樣長壽的。」

和吉田松陰同時的一個有名的學者，叫做籐田東湖[5]，他也是以神權為日本民族思想的中心。他說「天地的發源，人類的根本，就是天神」。德川末代有名的歷史家漢文學家，叫賴山陽[6]，著《日本政記》《日本外史》。他的思想系統學問系統，是比較純正的儒家，所以紀史斷自神武。但是到底還要列一個什麼神什麼命的表，放在卷首，不敢竟把這些荒遠無稽的事實抹殺，也沒有對於這些記載，下過一點批評。日本維新，得力於山陽的文字甚多，而籐田東湖，又是維新前期從思想學術上鼓舞群倫的大學者，而他們的思想，只是如此。

以上所講的，是關於日本民族思想的一種觀察，日本人的國體觀念，大都由這一種神權的民族思想而來。日本自從鳥羽帝的時代（宋徽宗時候），全國兵權歸了平源二氏[7]以來，逐漸把部落紛然並存，組織散漫，文化落後武功不立的日本諸島，造成了一個雄藩並列的封建世界。又經過三數百年，到了豐臣削平國內爭亂，德川繼之，造成以武力為重心的文治，日本的制度文物，遂漸漸規模完備了。「國」的這一個字，在此時只是作藩國的意思解，和今天之所謂之國家迴殊。社會的階級，也就隨著封建制度的完成，造成一種很清楚的橫的分段。用這橫的分段，來支配縱的分工。這個制度，一直繼續到西曆一八六九年的明治時代方才廢了。在這一個封建時代，講文明呢，的確是日本一個很進步的時期。

在維新以後一切學術思想、政治能力、經濟能力，種種基礎，都在此時造起。日本人之所以有今日，全靠這四五百年的努力。因為那些藩國，不但是在武功上競爭，並且努力在文治上競爭，有文學武藝的學者，各藩主爭先恐後，或是招來做自己的家臣，或是請了去做自己的客卿。在自己藩裡呢，務必要使自己家臣子弟，能夠造成文武兩套全才，給他藩裡做永久的護衛。那些武士，也巴不得他的藩主權力膨脹，土地拓張，他們自己收入也可以加增多少石[8]。因為藩主是極大的地主，農夫是大地主的農奴，武士是給大地主個人管理家務防禦外侮的僕人。「薩木來[9]」這個字的意思，就是明明白白一個「侍者」的意思。俗語叫做「家來[10]」，也是如此。就這些事實看來，「武士道」這一種主義，要是用今天我們的思想來批評，他的最初的事實，不用說只是一種「奴道」。武士道的觀念，就是封建制度下面的食祿報恩主義。至於山鹿素行、大道寺友山[11]那些講「士道」、「武道」內容的書籍，乃是在武士的關係加重、地位增高，已經形成了統治階級的時候，在武士道的上面，穿上了儒家道德的衣服。其實「武士道」的最初本質，並不是出於怎樣精微高遠的理想，當然更不是一種特殊進步的制度。不過是封建制度下面必然發生的當然習性罷了。

我們要注意的，就是由制度論的武士道，一進而為道德論的武士道，再進而為信仰論的武士道。到了明治時代，更由舊道德論舊信仰論的武士道，加上一種維新革命的精神，把歐洲思想，融合其中，造成一種維新時期中的政治道德的基礎，這當中種種內容擴大和變遷，是很值得我們研究的。在封建制度的下面，武士階級，是社會組織的中堅。上而公卿大名[12]，下而百姓町人[13]，在整個的社會體系當中，武士負維持全體社會之適宜的存在發展的職責。一個方面，包含著名教宗法的特色，然而單是名教宗法，絕不能保持社會生活的安定，和發揚社會生活的情趣，所以在另一個方面，更不能不具備一種人情世態的要素。所以高尚的武士生活，可以叫作「血淚生活」，血是對家主的犧牲，淚是對百姓的憐愛。我們見到德川時代的武士道之富於生活的情趣時，才可以瞭解武士階級，所以能成為維新主要動力的緣故，這是研究日本的人所最宜留意的。

1 指恢復君主制。

2 吉田松陰（1830－1859），江戶晚期思想家、改革家。因不滿德川開國與簽訂通商條約，遊說長州藩府起兵不成入獄，著有《幽囚錄》等，影響日本日後殖民主義與軍國主義甚深。

3 即《幽囚錄》，成為日本擴張主義的理論奠基。

4 《古事紀》中神祇名。

5 籐田東湖（1806－1855），江戶幕末學者，崇尚尊王攘夷思想，著有《弘道館記述義》。

6 賴山陽（1781－1832），江戶時代歷史家、陽明學派學者，著作與幕末尊王攘夷運動密切相關。

7 日本古代四大姓氏。代表天皇、朝臣，或武家之後代。

8 源自中國，為米的容積單位，相當於一百升、一千合。在日本，一食一合、一日為三合，因此一石相當於一個成人一年份的米消費量。

9 直譯自日本的侍（サムラ；Samurai），為封建時代的武士階級。

10 即家臣。

11 大道寺友山（1639－1730），江戶時代武士、兵法家，著有《武道初心集》。

12 江戶時代隸屬於將軍，領俸祿一萬石以上的武士。

13 江戶時代居住於城市裡的商人、工匠的總稱。

佛教愛人愛物無抵抗的精神，在日本封建時代，
一變而為犧牲的爭鬥精神。

封建制度與佛教思想

日本六十年前封建時代的社會階級制度，差不多是現代的中國人所夢想不到的。古代中國的儒家思想，和印度的佛教思想，宣傳了許久，但是極平和的佛教，到了日本以後，順應著封建時代的人心，也變成了一個「強性的宗教」。或者是為宗派打仗，或者是為擁護一派的護法大名打仗。僧侶的本身，都帶著「薩木來」的臭味。佛教愛人愛物無抵抗的精神，在日本封建時代，一變而為犧牲的爭鬥精神。把「羅漢道[1]」殺內賊的工夫，用在殺外敵的上面，也就和武士道沒有衝突。把天龍八部[2]人非人的觀念，應用在階級的制度上面，也就覺得階級的存在，沒有什麼不應該。所以我們可以曉得，一個宗教的制度思想的變遷，完全適應社會生活的要求，同是一個宗教，他所行的地方不同，所支配的階級不同，他那一個宗教的思想和制度，也就完全跟著變易的。在日本語言裡面，有很多話是從前佛經的用語來的，然而和佛語的本義，完全兩樣，譬如兩人相打的時候，常用的「畜牲！覺悟罷！」就是一個很明顯的證據。

我們要在日本的純文學裡面，去看佛教的感化，材料是多得極了。本來日本吸收中國文化，一大部分是由佛教來的。最初的留學生，十個九個都是僧侶。他們借用中國文字記述日本語言，造出一種所謂「假名」來。「假名」這兩字的意義，已經是很深長的了。而最初所制的「伊呂波歌[3]」就是很純正的佛教諸行無常的思想。文字排列之巧妙，實在是很值得稱讚的。我們再看日本人的飲食，他們能吸收去的中國食品製法，實在都是僧侶的常食品。如像豆腐、豆腐皮、豆腐衣、豆豉、鹹菜、麥麩種種。現在的日本人忘記了，以為是日本的特產。中國人到日本的，也不覺得這些東西有什麼來歷，然而我們可以確實曉得，這是完全由僧侶吸收去的文化。

在民間的文學裡面，在貴族的文學裡面，我們都看得出很多的佛教關係來。就是日本最古的一種「能樂」，這是和「神教」有密切關係的，而他們後起的謠曲，有許多題材，是采諸佛教裡面的故事傳說。可是我們在任何方面，都看得出日本人的佛教思想，絕對和中國的兩樣。他們的佛教，在貴族裡面，確是含著不少積極的犧牲的精神。而在民間方面，又含得有不少的人情世態的趣味。比起中國艱苦而枯寂的佛教來，的確是大不相同。

印度的佛教，經過中國，傳入日本以後，我們看得出，明明白白，分出三個時期。第一個時期，是神佛對立的時期。本來日本人是崇拜神教的，神教是什麼東西呢？就是宗法社會裡面必然應有之義的祖先崇拜。這一種拜神思想，本來是很幼稚的。然而部落的權力，漸漸擴大，到得諸部落統一於一族的時候，當然要生出一種調和的理論，組織的體制來。日本的文化是在中國文化傳入之後，才有統一和組織的工具。於是中國敬天敬神敬鬼的思想，給他們的神教，充實了不少的內容。然而這個時代，中國的佛教文化與中國的道德文化，同時輸入進去了。並且佛教的輸入，更佔了很重要的地位。這兩種不同的思想，在政治上，在社會上，當然不是容易調和的。一個是世界無差別，一個是九族分親疏；一個是冤親平等，一個是正名定分嚴體重刑。此時神佛兩教，在輸出國的中國，已經是最大的衝突期，在輸入國的日本，更不是容易調和的了。

然而久而久之，應於他那社會的必要，不能不想出種種的調和方法來。「歷史上的後進文化上的先進的佛教」便運用著很微妙的經義，造出一種「本地垂跡說」來。在實際的勢力上，要把幼稚的拜神信徒，拉到佛寺裡來，便先在理論上，把佛教的信仰投降到「神」的威力下去。某神就是某菩薩的體現，這一種的混合信仰，便由此而生了。這是第二個時期。

日本人如果是弱者，如果四圍有了強固的信佛威力，這神教的信仰，或者就會絕滅了。然而四圍的情況不是如此，日本國內的情況也不是如此。所以隨著漢學的進步，封建制度的完成，與武家勢力的膨脹，日本古學派哲學突然創興起來。直到日本維新的時代，日本民族一方面拋棄了「日本三島的封建制」而加入「地球的民族封建制」下去活動，一面就很嚴密地定出神佛的區分，這是第三個時期。由對立而混合，再由混合而對立，這是兩個很大的變動，他們應該從裡面學得許多的教訓罷！

---

1 「阿羅漢」（arahant）在古印度巴利語中意為殺敵，即殺死煩惱。

2 指佛教的護法隊伍中，以天族、龍族 首的八種神話種族。

3 以不重複的假名寫成的頌文，須以七五格律寫成，內容多在歌頌佛教的無常觀。

那些武士，往往制了一把新刀，要試驗刀的利鈍，
可以隨便去找了一個「非人」殺。

封建制度與社會階級

農民沒有土地所有權，一切土地，都是藩主的。不能有「姓」，不能帶刀。這種現象，還是中國三千年前的制度，除了皇帝公卿藩主武士治者階級而外，其餘的人，都不承認有完全的人格。此外還有一種第四、五層階級的最苦人民，叫「穢多」、「非人」，是完全驅逐到人類生活以外的。那些武士，往往製了一把新刀，要試驗刀的利鈍，可以隨便去找了一個「非人」殺。而最奇妙的，就是連這特殊的階級制，也借用著佛經中的用語。此種殘酷的社會組織，和治者階級的殘酷習慣，可以證明日本的文化年代之淺與程度之低了。穢多、非人這一個階級，至今還是存在，近年來日本社會運動當中最重要的一個運動，叫做「水平運動」，就是這一種特殊部落的民眾爭自由的運動。將來日本革命的烽火，恐怕是這一種民眾做最先頭的部隊了。

有一個貴族院議員叫杉田定一[1]，他是從前自由黨的名士，民國五、六年時，有一天我去訪他，看見他的書房裡供著一個孔子像。他對我說：「這個孔子像，是很有來歷的。我家裡本來是農民，我的父親是很慈善的。想到智識這樣東西，人人都應該要有，就請了一個有學問的漢學先生，在我家裡教村中那些農民唸書。被藩裡的武士們曉得了，說我們讀書是僭越，就把我家抄了，教書先生也趕走了，種田的權利也沒收了。這孔子像還是在那時候拚命奪出來的。那個時代歐美的民權思想，已經漸漸輸入了進來，漢學思想和歐美思想相融和，就有許多的人，覺得這一種非人道的封建制度，非打破不可，這實在是由種種環境發生出來的自覺運動。」他這個議論，我以為很的確。明治維新，一面是反對幕府政治的王政統一運動，一面是民間要求人權平等自由的運動。倡尊王討幕的人，和倡民權自由的人，雖說兩種都出自「公卿」和「武士」兩階級，但是這民權運動，純是一個思想上的革命，是人類固有的同情互助的本能的發展，而歐洲自由思想做了他們的模範。和薩長兩藩[2]專靠強力來佔據政治地位不同。且看民權運動最有力的領袖板垣退助[3]，他的思想，完全是受法國盧騷《民約論》[4]的感化。近來日本的文化制度，雖然大半由德國學來，卻是喚起日本人「同胞觀念」，使日本人能夠從封建時代的階級統治觀念裡覺醒起來，打破階級專橫的宗法制度，法國民權思想的功績真是不少。而我們更可以得到一個重要的材料，來證明唯物主義者的階級鬥爭的理論，並不合革命史上的全部事實。譬如日本維新的結果，解放了農民階級，使農民得到土地所有權和政治上、法律上的地位。這個運動並不是起自農民自動，而仍舊是武士階級當中許多仁人志士鼓吹起來的。

1 杉田定一（1851－1929），日本政治家，曾任第十三屆眾議院主席。

2 指薩摩長州同盟，為江戶後期薩摩藩與長州藩締結的政治軍事同盟。

3 板垣退助（1837－1919），日本民權運動家、自由黨的創立者，明治維新主導者之一。

4 即盧梭（1712－1778）的《社會契約論》。

如果從日本史籍裡面，把中國的、印度的、歐美的文化，通同取了出來，赤裸裸的留下一個日本固有的本質，我想會和南洋吐蕃差不多。

日本人與日本文明

日本自從平源執政以後，爭權殺伐，沒有一天休息，戰事的事越多，武士的權力越是強大。到了德川氏的時代，幕府的權勢，非常鞏固，各國諸侯勢力，又能夠保持均衡，所以大家都是注意保守自己的地盤，不願意從事戰爭。文學哲學，當然隨著平和的幸福，發達起來。一種是古學派神權思想的復興，一種是荷蘭學問的輸入，一種是漢學的發達。古學派神權思想的根源，前兩段已經大略講過了。荷蘭學問的輸入，在日本文明上，除了天文、數學、築城、造兵、醫藥等智識而外，在精神科學方面，簡直看不出什麼進步。只是德川時代漢學發達，在思想上，在統一的制度文物上，的確是日本近代文明的基礎。就是純日本學派的神權主義者，在思想的組織方面，也完全是從漢學裡面去學來的。所以中國哲學思想，在德川時代，可以叫作全盛時期。他們在中國哲學思想裡面，得的最大利益是什麼呢？就是「仁愛觀念」和「天下觀念」。如陽明學派的中江籐樹[1]、朱子學派的籐原惺窩[2]、中村愓齋[3]，都是努力鼓吹「仁愛」的。從制度上看來，這種由日本社會進化自然程序發生出來的種種階級制度，和治者階級的性格，可以證明日本在部落鬥爭的時代，最大缺點是「仁愛觀念」和「天下觀念」的薄弱。德川氏時代統一的政治，使全部日本，達到了車同軌書同文行同倫的時期，我們從儒家思想的發達，和明治初年民權思想的發達看來，就可以曉得，日本近代文明的進步恰恰和「仁愛觀念」的進步成正比例。而這仁愛觀念發展的原因，全在於政治的統一和物質文明的進步，社會組織的整理。現在日本的治者階級系統，都由封建時代的「薩木來」直傳下來的。明治時代的教育主義，標榜一個武士道，更是因襲封建時代的食祿報恩主義。一部明治維新史，如果只把表面的事實，作為研究的材料，或者只注意他最近幾十年的事實，忘卻德川時代三百年的治績，是不對的。因為一個時代的革命，種種破壞和建設的完成，一定不能超出那一個民族的社會生活之外。倘若哪一個社會裡面，沒有預備起改造的材料，沒有養成一種改造的能力，單靠少數人的運動，決計不會成功。即使四圍的環境去逼迫他，也不容易在很短的期間造成他的能力。所以我說，歐洲和美國勢力的壓迫，只是成為日本動搖的原因，成為引起革命的原因，而其革命所以能在短期間內成功，則完全是歷史所養成的種種能力的表現，而絕不是從外面輸入去的。

日本有許多自大自尊的學者，往往歡喜把「日本化」三個字放在腦筋裡，不肯放棄，動輒喜歡講日本的特殊文明。這種觀念，當然不脫「日本的迷信」。日本的文明是什麼東西？日本的學者，雖然有許多的附會，許多的粉飾，但是如果從日本史籍裡面，把中國的、印度的、歐美的文化，通同取了出來，赤裸裸的留下一個日本固有的本質，我想會和南洋吐蕃差不多。文明本是人類公有的，如果不是明白認定一個人類，認定一個世界，在世界人類的普遍性上去立足，結果一定要落到神權迷信上去的。但是我們也要曉得，這一種自尊心，也是民族存在發展的基礎。如果一個民族，沒有文明的同化性，不能吸收世界的文明，一定不能進步，不能在文化的生活上面立足。但是如果沒有一種自己保存，自己發展的能力，只能被人同化而不能同化人，也是不能立足的。在這種地方，我們很看得出日本民族的優越處來。他們本是赤條條一無所有的。照他們自己的神話來說，只有「劍」、「鏡」、「玉」三樣神器，也就大生問題。這三樣神器是什麼時代，由什麼地方來的，究竟有沒有這三樣東西，也都當待考證。然而他們以赤條條一無所有的民族，由海上流到日本島，居然能夠滋生發展，平定吐蕃，造成一個強大的部落，支配許多土著和外來的民族，而且同化了他們。更從高麗、中國、印度輸入各種物質的、精神的文明，而且能夠通同消化起來，適應於自己的生活，造出一種特性，完成他的國家組織。更把這個力量來做基礎，迎著歐力東侵的時代趨向，接受由西方傳來的科學文明，造成現代的勢力。民族的數量，現在居然足以和德法相比。在東方各民族中，取得一個先進的地位。這些都是證明他的優點。我們看見日本人許多小氣的地方，覺得總脱不了島國的狹隘性。看見他們許多貪得無厭崇拜歐美而鄙棄中國的種種言行，又覺得他們總沒有公道的精神。可是我們在客觀的地位，細細研究，實在日本這一個民族，他的自信心和向上心，都要算是十分可敬。總理說：一個民族的存在和發展，要以自信的能力作基礎，這的確是非常的要緊，所以日本人那一種「日本迷」，也是未可厚非，不過從今天以後，是再也行不通的了。

1 中江籐樹（1608－1648），日本陽明學派的創始人，著有《大學解》等多本中國經典註解書籍。

2 籐原惺窩（1561－1619），日本近代儒學大家，創辦日本的朱子學派，曾任德川家康教師。

3 中村惕齋（1629－1702），江戶幕府時代儒學者，精通天文、地理、度量衡等學問。

他們舉國所讚美的武士道的精華，就事實上說明起來可以舉出兩件事，一件是「仇討」，一件是「切腹」。「仇討」是殺人，「切腹」就是自殺。

「仇討」就是中國所謂復仇……如果這種行為，可以成為人類道德標準，那麼非洲澳洲的土人，也就很有自負的資格了，不過這種行為，也是「生的奮鬥」的精神。

武士生活
與武士道

封建時代「武士」的生活條件，可以用極簡單的話概括起來。一是擊劍，二是讀書，三是交友。擊劍讀書，是武士一定要有的本事。不會擊劍的人，當然沒有做武士的資格。沒有學問，便不能夠在武士階級裡面求生活的向上。至於交友這一層，是封建時代武士階級「社會性」的表現。在這個時代，一切經濟關係、社會關係，都是極單調的。武士的責任，第一是擁護他們主人的家，第二就是擁護他們自己的家和他自己的生存。所以武士們自己認定自己的主要目的，就是「為主家」。這句話的真意，就是為主人和自己的家系家名而奮鬥。解剖開來說，武士的家系，是藩主的家系的從屬，武士自身，又為藩主本身或藩主家系和自己家系的從屬。這家系的觀念，和宗法的神權迷信，當然有密切的關係。所以那些武士，為藩主的本身，或藩主的家系而奮鬥的精神，不但是由物質上的社會關係經濟關係結合成的，並且淵源於歷史的因襲，含有不少的神秘氣氛。「輕生死」、「重然諾」、「當意氣」這種武士獨有的特性，固然由於武士階級的生活必要，但就精神方面看來，許多年遺傳下來的生活意識所造成的道德和信仰，也是使他們肯於犧牲自己的生命和家族的生命而為主家奮鬥的最要緊的因素。

在封建時代，這一種為保存家系而努力的事實和奮鬥的精神，是他們社會所最讚美的。以為這是道德的極致，人生的真意，宇宙的大法。能夠如此，就是最高人格，可以和神同體，與佛同化，與宇宙長存。越是神秘，越是悲哀，社會越是讚美。他們舉國所讚美的武士道的精華，就事實上說明起來可以舉出兩件事，一件是「仇討」，一件是「切腹」。「仇討」是殺人，「切腹」就是自殺。

「仇討」就是中國所謂復仇，本來是沒有法治的野蠻社會裡面的普通習慣。日本封建時代，這一種事實，不但是社會上讚美他，並且國裡的藩主，還特別許可。日本從前那些文學家，往往把復仇的事實，當作最好的題材，或是用小說描寫復仇者的性格，或是用詩歌去讚美他的行為。近代還有許多人，以為這復仇的事實，是日本人最高尚的精神，是日本人最優美的性格。其實這也是一種「民族的自畫自讚」，如果這種行為，可以成為人類道德標準，那麼非洲澳洲的土人，也就很有自負的資格了，不過這種行為，也是「生的奮鬥」的精神。而他所以能具備一種力量，刺激後來的人，使人感覺他的優美和高尚，完全由於當時社會一般的文化思想，已經很進步，在單調而嚴格的封建制度下面，這兩件事又最是一種破除成例的行為，值得一些文學家的歌詠。維新以後，日本人在民族生存競爭場裡，能夠佔到優者位置，也有許多由這種遺傳的道德觀念來的。

復仇者的精神和身體，完全是受「種族保存」的原則支配。如像有名的曾我兄弟的復仇[1]，是為自己的家事。大石良雄[2]等所謂「元祿義舉」，是為他們藩主的家事。此外為自己受人欺侮直接採取復仇手段的，更是多極了。赤穗事件[3]最初的原因，就是為此。這種觀察，都是就復仇者的本身著眼。完全和復仇事件沒有利害關係的人，也往往有幫他人復仇的，日本話叫做「助大刀[4]」。社會上對於這種為正義出力的人，也很讚美，武士道的精神，我以為在這「助大刀」上面，確實看得出許多正義的精神。比「復仇」本身，道德的意義，還是多一點。這種正義的同情心，不只在男子中如此，女子裡面也很有這種美德，武士家女子，直接為君父夫復仇，或是為他人表同情，幫助他人復仇事業成功的事件，歷史上很不少。這一種社會同情的熱誠，確是封建時代日本女子的美德，直到今天，這種特色，還是極彰著的。再看日本維新歷史的背後，有很多女性的活動，尤其是在苦海中的妓女，對於維新志士的同情扶助，非常之大。維新元勳的夫人，多半出自青樓，就是從這一種關係來的。

把這一種性格，從思想上、學問上去獎勵他、完成他，是德川時代哲學思想的特色，而且是日本古學派哲學思想的特色。赤穗藩裡所以能夠生出大石良雄一般人，完全因為受了山鹿素行教育的結果。當時德川幕府所最獎勵的朱子學派的學者，在整理日本的制度文物上面，確是很有功勞，然而精神卻注重在漢和一體，不像素行一派，專事鼓吹日本主義。素行說：「大八洲的生成，出自天瓊矛，形狀和瓊矛相似，所以叫細千足國。日本的雄武，真是應該的了。那天地開闢的時候，有多少的靈物，都不用他，偏要這天瓊矛來開創，就是尊重武德，表揚雄義的緣故。」天瓊矛是男子陽具的象徵，這一種創世思想，淵源於男性崇拜，是很明白的。就這思想和歷史的系統看來，也可以曉得日本的尚武、軍國主義，並不是由於中國思想、印度思想，純是由日本宗法社會的神權迷信來的。近代德國軍國主義的政治哲學，很受日本人的歡迎，自日俄戰後，到歐戰終結十幾年當中，日本思想界最受感動的，就是普拉邱克[5]一流的武士主義，和尼采一派的超人哲學。最近一轉而為馬克思的鬥爭主義，都有同類的因緣，我們看得到日本人的風氣，和中國最大不同的地方，就是日本人在任何方面，都沒有中國人晉朝人清談而不負責，和六朝人軟弱頹喪的墮落毛病。連最消極的「浮世派文學藝術」當中，都含著不少殺伐氣。這都是最值得我們研究，最值得我們注意的。

1 指鎌倉時代的武士曾我祐成、曾我時致兩兄弟，於一一九三年六月，在狩獵中為父殺仇，為日本三大復仇事件之一。

2 大石良雄（1659－1703），江戶時代武士，在元祿義舉中擔任赤穗藩四十七名家臣的頭目，為藩主淺野長矩復仇，以忠誠聞名。

3 即元祿義舉，與「曾我兄弟復仇事件」、「鍵屋之辻決鬥事件」並稱日本三大復仇事件。事件中大石良雄體現出對主君的忠誠，其信念與忍耐力，對日本社會、民族性格產生深遠的影響。

4 日文為「助太刀」，意指支援討敵或助人的行為、人力、兵力。

5 即普魯塔克（Plutarch，46－125），著有多本名人傳記。

人格上毫無地位的商人，當然不會有高尚的德性，因為高尚的德性，不但不能夠幫助他的生活，反而可以妨害他的生活的。

「町人」和「百姓」的品性

封建時代的政權、兵權、土地所有權，是藩主和武士階級專有的。學問也是武士階級專有的。教育的機關，除了藩學而外，私立的學塾，也是為武士而設。商人、工人、農夫，不但是在社會階級上，被武士壓服，連智識上，也是被武士階級壓服了的。日本從前叫商人作「町人」，因為他們是住在街坊上的。叫農夫作「百姓」，這大概是把中國的熟語用錯了。這兩種人的品性，很可研究。農夫完全是靠務農生活，雖是一生一世沒有智識，沒有學問，又沒有社會上的榮譽地位，但是一生和自然做朋友，所以性格是很純樸的。兼之那個時代政治思想，是重農主義，藩主、武士們腦筋裡，受著中國民以農為本的感化，至少對於百姓們的人格，不會有很大的輕侮，所以還過得去。惟有商人，在社會階級上，既然處於被治的階級，住的地方，又和治者階級接近，所營的生業，又要依賴治者階級。只在一種極鄙陋曖昧的空氣裡面，作世襲的守財奴，性格上自然發生出很齷齪的鄙卑習慣來。人格上毫無地位的商人，當然不會有高尚的德性，因為高尚的德性，不但不能夠幫助他的生活，反而可以妨害他的生活的。有名的實業家澀澤榮一[1]，他有一篇論封建時代商人性格的文章，講得很清楚，看他這一段話，就可以明白六十年前的商人氣質了。

從前國家的租稅，為主的就是米。也有徵收蠟、沙糖、藍、鹽各種貨物的。幕府及各藩邦，把自己所徵收的質物，用他們的官船，裝到江戶（就是現在的東京）大阪去，用投標的方法，賣給大商人，大商人再賣給門莊的小店家。此外雖然也有直接向農家收買米糧等類來販賣的商人，不過大宗買賣，卻是由官府出來的。所以那個時代的商人經營的，不過是一種小賣店。這大一點的商人，所謂「藏宿」（是代官府賣貨兼做貨棧的商人）、「御用達」（是專替官府做買賣的大掮客），都是歷代相傳的大家。主人只要在屋子裡面招呼一點年節計算，就可以了，其餘生意的事，都是交給經理的人。到各藩府裡出入，年節非送禮不可，對那些官吏，非請他們吃酒嫖妓不可，只要這種事做得周到，生意就大可以發達了。

這個時代，商人和官吏的社會階級，相差得很遠，絕對是不能夠同席談話的。極端的講，簡直就是沒有把商人當人，江戶那樣的大都會，比較好一點，小藩地方，尤其厲害。小小一個代官出門，商人農夫都要跪在地下。商人見了武士，無論什麼事，都是絕對不能夠辯論是非曲直。如果武士們出了一個難題，實在不能應承，也不過只敢說：「貴意是一點不錯的，請許我詳詳細細的想過之後，再來回明就是。」總而言之，當時商人對武士，實在卑污到極點的了。

商人既處於卑賤的地位，當然養成了一種卑劣的性格。從前那些武士們，對於商人，是很鄙屑的，他們所讀的中國書，也都是充滿了賤商主義的文字，以為這是下賤人天生成了習性，叫這種性質做「町人根性」。罵人的時候，也就是把這一句話用作頂惡劣卑賤的意義，一直到現在，上流社會裡面的人，平常還拿這句話罵人。就這一點看來，就可以曉得日本的封建制度，一面是養成一部分食祿報恩主義的武士，一面也造成下賤卑劣的商人。武士的性格，是輕死生，重然諾。商人的性格，是輕信義，重金錢。一面是回教式的神秘道德，一面是猶太式的現金主義。所以承繼武士道氣質的武人，雖然專制，卻是許多年來的歷史，把他造就成一種意志堅強，自尊心豐富，能夠不怕強權，同時也就不欺弱小。在戰陣上能夠奮勇殺敵，而在自己失敗的時候，也就能夠為惜名而自殺。我們要曉得歐洲尊重女子的風俗，是出於騎士憐愛女子，就可以推想所謂武士道的特質了。我常常想，何以歐洲人對於美洲土人，那樣慘酷，竟忍心動輒坑殺數十萬的土人，原來這種行徑，絕不是出於純粹的戰士，而是出於拿了刀的商人和流犯。日本封建時代所謂「町人根性」，一方面是陰柔，而一方面是殘酷，以政治上的弱者而爭生活上的優勝，當然會產生這樣的性格。現在日本的實業家裡面除了明治時代受過新教育的人而外，那些八十歲級的老人裡面，我們試把一個武士出身的澀澤，和町人出身的大倉[2]，比較研究起來，一個是誠信的君子，一個是狡猾的市儈，一個高尚，一個卑陋，一個講修養，一個講勢利，這種極不同的性格，就可以明明白白地看出武士、町人的差別了。

1 澀澤榮一（1840－1931），日本明治、大正時期的實業家，生平設立了第一國立銀行與東京證券交易所等，被稱為日本資本主義之父。

2 指大倉財閥的建立者大倉喜八郎（1837－1928），日本明治、大正年間富商，以販賣軍火致富，也是帝國飯店、東京經濟大學的創辦人。

幕府一倒，「尊王攘夷」四個字的目標，就變成了「開國進取」。攘夷和開國，是兩個矛盾的傾向，而這兩個矛盾的傾向，都是造成了日本今日絕盛的基礎。

「尊王攘夷」與「開國進取」

日本推翻幕府，恢復王室之原因，大約可以下列幾件事，概括一切。是不是武斷，大家且去研究日本維新的歷史，便可以明白了。

（一）德川幕府本身的腐敗。

（二）幕府和各藩的財政難，幕府武士的生活難。

（三）外國勢力壓迫漸烈，於是引起國民「攘夷倒幕」的感情。

（四）有力的雄藩，如長薩等，向來不滿於幕府，久存待時而動的念頭，又兼地理上和海外及京都的交通接近，所以成了「尊王攘夷」的重心。

（五）德川執政以後，古學派的神權王權思想普及，和漢學發達的影響。

以上所述的五個原因，如果一一敘述起來，絕非這一篇小論文所能盡，總之當時日本幕府和各藩的情形，已經是到了窮極必變的時代。即使沒有外來的種種原因，幕府的權力和各藩的地位，已經要動搖起來了。恰好這時歐美的勢力，很猛烈地壓迫了來，青年的武士們，只要看見外國人跋扈，幕府退讓，恨得了不得，就標榜一個「尊王攘夷」的旗號去反對幕府。我們試看幾十年歐美人記日本當時情形的書，就可以曉得當時倒幕原動力的浪人，差不多很像是義和團一流人物。在這個時代，各國強迫日本通商的行動，也一天比一天激烈。「黑船」的威力，絕不是日本人的力量所能抗拒的。而且荷蘭的兵學，輸入日本很久，日本人已經曉得外國是有學問有力量的。一面儘管說「攘夷」，事實上哪裡攘得來，於是在積極圖強的必要上，當然更一面歡迎歐洲的學問。當時所謂「英學[1]」、「佛學[2]」，英吉利、法蘭西的學問的價值，漸漸的為一般人所認識。所以幕府一倒，「尊王攘夷」四個字的目標，就變成了「開國進取」。攘夷和開國，是兩個矛盾的傾向，而這兩個矛盾的傾向，都是造成了日本今日絕盛的基礎。如果沒有義和團的精神，絕不能造成獨立的文化，這是我們所應當曉得的。

倒幕府的事業是什麼人做的？就是那受神權思想的武士。京都來的幾個公卿，本來就不過是裝門面的。什麼三條實美[3]、巖倉具視[4]，不過是一般武士穿的號衣。這些武士們，平時腦筋裡面，裝滿著英雄思想。幻想中的模範人格，不過日本戰國時代的所謂七雄八將。什麼豐臣秀吉的雄圖，加籐清正[5]的戰功，塞滿一頭。在這一種下面來標榜起「開國進取」，這開國進取的意思，也就不問可知了。從前豐臣秀吉征朝鮮，他的目的，從「答朝鮮國王書」裡面，可以看得出許多。我且把賴山陽《日本外史》所記的抄出來。

「日本豐臣秀吉，謹答朝鮮國王足下。吾邦諸道，久處分離，廢亂綱紀，格阻帝命。秀吉為之憤激，披堅執銳，西討東伐，以數年之間，而定六十餘國。秀吉鄙人也，然當其在胎，母夢日入懷，占者曰：『日光所臨，莫不透徹，壯歲必耀武八表。』是故戰必勝，攻必取。今海內既治，民富財足，帝京之盛，前古無比。夫人之居世，自古不滿百歲，安能鬱鬱久居此乎？吾欲假道貴國，超越山海，直入於明，使其四百州盡化我俗，以施王政於億萬斯年，是秀吉宿志也。凡海外諸藩，役至者皆在所不釋。貴國先修使幣，帝甚嘉之。秀吉入明之日，其率士卒，會軍營，以為我前導。」

由這一篇擬史漢體的文章裡面，我們不單可以看出秀吉的懷抱，也可以看出那時一般人的思想。我們可以斷言，這一種氣魄，這一種懷抱，是武家時代以前所絕不會有的。而且當豐臣秀吉以前，日本國內統一之基未立，民族獨立思想未成，中國的失敗未著，都不會刺激出這種「問鼎之意」來。無論一種什麼思想，似乎是先時代而生，實則也都是後時代而起，精神物質，是一物的兩面，過去未來，是一時的兩端。

時代的生活要求產生思想，思想又促進新時代的要求，如是推移，乃成歷史。然而就我們中國民族想來，以這樣大的一個國家，這樣古的文化，不能吸收近鄰的小民族，反使四圍的小民族，個個都生出「是可取而代也」的觀念，這是何等的可恥呵！

在日本維新前的「攘夷」思想，是外力的壓迫逼出來的，前面已經說過了，外力的壓迫，大體可以分為兩方面，一是北方俄國政治的壓迫，一是南方歐美各國商船的來航，這兩件所引起來的對抗思想，內容和方面，都有不同。由對抗俄國而起的攘夷思想是激越的，武力的，由對抗歐美諸國之航船而起的思想是打算的，經濟的。這兩個不同事實所引起的不同的傾向，其後在開國進取思想上的影響，也是不同。直至明治時代，支配日本國防政策外交政策的北進南進兩個潮流，也都和這兩個傾向，成很密切的連帶，是我們所不能不注意的。

那時候的攘夷論，是些什麼內容呢？我們也可以舉幾條文獻來看看。

（一）肥後國細川山城守的上書中有一節說：「本朝自有大法，交易雲者，不外通信，此外則一切皆當謝絕。」

（二）佐賀藩主錫島肥前守的上書中有一節說：「幕府之職，世號征夷大將軍，此征夷二字，實為萬世不易的眼目，當今太平日久，士氣偷惰，正宜乘時奮發，耀威國外，乃足以挽回末運，奠定國基。」

（三）川越藩主松平太和守的上書中有一節說：「凡諸外夷，對於皇國有敢為不敬者，允宜施以皇國武力，悉加誅罰，以光國威。」

只此區區數節，也就可以揣測當時人的思想和知識了。在這樣一種空氣下面，最有力的刺激文字，就是宋明亡國的歷史，蒙古滿洲蹂躪中國的事實。一般有志氣的人，時時把這一種事實，來鼓舞全國國民團結抵抗的士氣。而鴉片戰爭和英法聯軍戰爭兩件大事，更把日本全國的武士的熱血，沸騰起來。一面以亡國的危險，警告國民，一面也學習不少的國際情形。所以中國在十九世紀初中葉所受外國的壓迫，也是日本維新的大興奮劑。梁川星巖[6]詠鴉片戰史：

赤縣神州殆一空，
可憐無個半英雄。
台灣流鬼無人島，
切恐餘波及大東。

山內容堂[7]詠英法聯軍陷北京詩云：

誰教丑虜入燕城，
八百八街膻氣腥。
開帙獨誦淡庵集，
失聲欲罵小朝廷。

這兩首詠中國的詩，不用說是處處都對著日本當時的國情說話，想要激動全國士氣的。幕府外受逼於外國的威力，內受逼於志士的責備，其非倒不可，實在已成了必然的事實。所以攘夷和倒幕，成了一樁事情，正和中國排滿和排外，成為一個時代傾向，是完全一樣的。

大家以為明治初年的征韓論，是薩藩西鄉一派鼓吹出來的，其實不然。長藩裡面的人，主張征韓，並不在薩藩之後。木戶孝允[8]、大木喬任[9]甚至是最初頂熱心主張征韓的人。大木喬任有一篇文章，論日本國是，說「世界各國，惟有俄國，是頂可怕的，是頂能夠妨害日本大陸發展的。日本如果要在大陸發展，應該要和俄國同盟，中國的領土，就可以由日俄兩國平分。」這個意見，木戶孝允極力贊成，以為是日本建國唯一的良策。他這主張，還在西鄉隆盛[10]之前。不過是後來大家雖是理想一樣，政策上打算就不同。主張征韓的，以為「國裡面的封建制度廢了，不趕快向外面發展，那些沒有米吃的武士們，怕要鬧亂子。」反對的人說，「日本國裡面的政治，還沒有改良，力量還沒有充足，趕快要整理內政。」相差的地方，不過如此，並不是根本上有什麼兩樣。

這兩個時代，還有一般受了歐洲民權思想感化的人，曉得世界潮流，不是繼續日本的法律政治，可以圖國家發展。所以民權思想，就同「開國進取」的思想，同時並進。力量最大的，就是英法的思想。據明治四年統計看來，東京一個地方，教授英法文字的學塾，已經十有一所。合了蘭學通算起來，有十九所。就學的學生，有二千多名，可見明治初年時代，外國文化輸入的勢力了。

我們將日本從封建時代變成統一時代的歷史看來，有什麼感想呢？簡單講來，就是日本的改革，並不是由大多數農民或者工商業者的思想行動而起，完全是由武士一個階級發動出來的事業。開國進取的思想固不用說，就是「民權」主義，也是由武士這一個階級裡面鼓吹出來的，還有一個最要點，就是「世界的人類同胞思想」，在前期和後期，都是由外來思想的感化而起。前期的「世界的人類同胞思想」，是由中國儒家思想給與一種政治和道德的世界大同理論；由佛教的眾生平等思想給與以世界大同的信仰。然而這一個觀念，在武家時代漸漸被日本民族優越的統治思想壓伏了下去。連奉中國文化為正宗，認中國為中國的意義，都被「中朝事實」那一種日本正統的神權歷史學說壓伏。王道的政治理論，在亂時勝不過霸道的武力，也是必然的現象。這日本式的自尊思想，到得幕末時代，被歐美侵來的勢力，又壓迫出一個新體態來。民權思想和歐化主義，就是維新後的特產。這一種新的民權思想，自由平等博愛的思想，可以說是日本後期的「世界人類同胞觀念」。一個閉關的島國，他的思想的變動，當然離不了外來的感化。在他自己本身，絕不容易創造世界的特殊文明，而接受世界的文明，卻是島國的特長。我們觀察日本的歷史，應該不要遺漏這一點。

1 指英國的學問。

2 指法國的學問。

3 三條實美（1837－1891），日本幕末時期政治家，最後一任太正大臣，為倒幕運動與明治維新的指導者。

4 巖倉具視（1825－1883），日本幕末、明治初期政治家，曾任孝明天皇宮廷大臣，主張王政復古，讓明治天皇即位，進而導致戊辰戰爭。

5 加籐清正（1562－1611），日本江戶時代豐臣秀吉的武將，戰功彪炳。

6 梁川星巖（1789－1858）日本江戶時代漢詩人，有日本李白之稱。

7 山內容堂（1827－1872）日本幕末大名，於擔任土佐藩藩主期間實行改革，被列為幕末四賢侯。

8 木戶孝允（1833－1877），日本幕末武士、政治家。與西鄉隆盛、大久保利通同被稱為明治維新三傑。

9 大木喬任（1832－1899），日本幕末佐賀藩武士、明治維新時期政治家。曾任東京府知事等，確立當時的教育與法律制度。

10 西鄉隆盛（1828－1877），日本幕末薩摩藩武士、明治維新時期政治家。曾任明治政府陸軍大將，後與明治政府決裂，叛亂失敗後切腹身亡。

現代日本上流階級中流階級的氣質，完全是在「町人根性」的骨子上面，穿了一件「武士道」的外套。

「軍閥」與「財閥」的淵源

明治維新的政治思想，前兩段已經講明。還有一個極大的變化，就是商工業發達。現在日本已經由武士專制時代，進到資本家專制時代了。要觀察日本真象，不能不曉得他商工業發達的淵源。因為今天左右日本政局的力量，並不是幾個軍閥的領袖，幾個垂死的官僚。實在是生龍活虎的富豪，和富豪支配下面的工商業組織。現代日本上流階級中流階級的氣質，完全是在「町人根性」的骨子上面，穿了一件「武士道」的外套。這種氣質，雖不能說上中流階級，全部都是如此，但頂少都有一大半。軍閥和官僚，不用說是「武士階級」的直系，那最有勢力的資本家和工商業的支配者，不用說就是「武士」、「町人」的混合體。政黨就是介居軍閥、官僚、財閥之間的大掮客。因為多數人的權利，並不是自己要求得來，是由少數人自己讓出來給他們的。而且從祖宗以來，幾百年遺傳下來的被治性，絕不是短期間裡面可以除得了的。

現在鄉下的農夫和藩主武士，已經很早脫離了主從關係。但是老一輩的人，聽見藩主的名，還是崇敬得和鬼神一樣。前幾年間，舊藩主從東京回到他以前所統治的地方去，那些老百姓們，依舊是「伏道郊迎」。舊治下的武士們，依舊執臣僚權節，現在老藩主漸漸死了，襲爵的人，和舊藩屬地方，毫無關係，地方上中年的人，都沒有直接受過封建的壓制束縛，也沒有受過他的恩惠，青年人更不用說。到了這個時候，封建的觀念，方漸漸的淡泊下來，可見「因襲」是頗不容易除去的。

明治初年，廢藩置縣以後，武士的世襲財產，被中央剝奪了。武士職務上的特權，被徵兵令打消了，知識上的特權，被教育普及制度削去了。那些武士既失去了世襲的財產，又失去了世襲的職業。這時產業革命風潮，已經漸漸萌芽，失勢的武士，要想得生活上的安全，也只好放棄了「武士道」的門面，向商業上去討生活。但是向來不慣拿算盤，不慣說謊話，不慣向人低頭的武人，一旦和那些「町人」去競爭，沒有不失敗的。維新後的武士，有許許多多，陷入淪落的悲境，都是這個緣故。中央政權，由幕府的手裡，歸了皇室，確定了統治的中心。這統治權的運用，既不是皇室獨攬，更不是明治帝的專制，而實在是歸了薩長兩藩的武士手裡。雖然有一兩個「隨龍入關」的舊公卿，如三條實美、巖倉具視之輩實在不過是替皇帝裝門面，替飛揚跋扈的武士出身的新公卿，做一個傀儡。同時也在政治舞台當中，運用一種較為溫和而高明的手腕，往來組織於各藩士的勢力之間，做一個調和者。薩藩的勢力，因征韓的失敗，完全驅出中央政府，執政大權，便是長藩武士獨佔了。這些執權的武士，也和失勢的武士一樣，曉得今後武士階級，是沒有了，要發財一定非做生意不可。他們的位置很高，有政權做保護，有國家歲入的金錢，幫助他們的活動。只要檢定幾種大事業，壟斷起來，發財的方法就夠了，用不著自己打算盤，用不著自己籌資本。

在前面我已講過，從前日本的商業，都操在各藩手裡。維新以後，對外貿易的趨勢，一天增長一天。政府標榜出「殖產興業[1]」四個字，做政治的大方針，國內的工商業，和對外的貿易，如潮似水地發達起來，「武士」和「町人」的結納——政府和商人的結納——也就從這裡面越加密切。大家如果把明治工商業發達史，詳詳細細的裡面外面去研究一番，這中間的情景，便可以明白了。舉幾個例來說，現在幾個大資本團，三井、巖崎、大倉，哪一家不是靠做「御用商人」膨脹起來的？三井、巖崎這兩家，還算是封建時代以來的老御用商人。大倉喜八郎，本是一個極窮的「素町人」，忽然發起幾百兆的財來。這是靠什麼？不用說就是靠作政府的買辦發財的了。

1 指目的是國家近代化的新產業的育成政策。

創造時代的領袖人物，不一定是在事功上，有的是以思想鼓舞群倫；有的是以智識覺醒民眾……有的是靠他堅強的意志，一面威壓著民眾，同時作民眾努力奮鬥的統帥者。

維新事業成功之主力何在？

一個時代的創造，有很多歷史的因緣，絕不是靠一兩個人的力量創得起來，不過領袖的人格和本領，也是創造時代的一個最大要素。創造時代的領袖人物，不一定是在事功上，有的是以思想鼓舞群倫；有的是以智識覺醒民眾；有的是靠他優美的道德性，給民眾作一個信仰依賴的目標；有的是靠他堅強的意志，一面威壓著民眾，同時作民眾努力奮鬥的統帥者。至於智仁勇兼備的聖哲，不是輕易得來的，並且在很多政治改造的時期當中，這一種智仁勇兼備的聖哲，往往做了前期的犧牲，再供後代人的瞻仰，而不得躬與成功之盛。日本的明治維新，在思想上、社會上、國際上的種種背景，前面已經大概講過了。我們看它，雖然是千頭萬緒，異常複雜，到底作民眾活動意識中心的政治思想，只有很簡單的幾種趨勢。而這各種趨勢，卻是像百川歸海一樣，順著德川氏以來的民族統一、國家獨立的偉大要求，把日本人歷史傳說的王權神授思想作了中心。明治維新當時幾個大的運動，一方面有生活的切實要求，作它的分因，一方面有一個共同的信仰，作它的歸宿。我們試把日本維新前後的歷史，整個的通看起來，簡直沒法曉得，當時最有力量的領袖，到底是哪一個？如果要在活動的人才當中去尋嗎？活動的人才當中，只有尋得出幹部，不能尋得出領袖。維新史形式上的開篇，當然要從明治前一年十二月發佈王政復古的詔書算起，當時在京都參與這大運動的一般人，正好像一個亂蜂窩。宮中的一些公卿舊臣，外藩的一些藩士，拉拉雜雜，塞滿了一城。當然，那時候主張一切的人，並不是後來尊為維新大帝的小孩子。公卿當中，算為頂能幹的是巖倉具視，然而講起實際力量來，依然不過是長袖中的破落戶。就第一批發表的人物表裡看看，「議定」十幾人，參與幾十人，究竟誰是中心人物，誰是掌權的領袖呢？藩兵的勢力，以薩藩為最，當然薩州藩士領袖人物的西鄉隆盛，佔了糾合群雄的地位。然而在名分上，還是一個陪臣。所以我對於日本維新成功的歷史，認為主要的成功原因，完全在於兩點。一是有時代的切實要求，二是有人民共同的信仰。而這兩個原因，又通同歸結在歷史上「日本民族統一的發展能力已經確實具備」的一點。「民族的統一思想，統一信仰，統一力量」，這就是日本維新成功的最大原素。

如果我們把這一個基本的要點看差了，單純在一二領袖人才上去尋他的成功原因，固然是尋不出，而且要拿人才的比較，去尋幕府所以倒的原因，更尋不出。至若兵力財力等討論，更是無用了。最奇妙不可思議的事，就是王政之所以復興，各藩勢力之所以能結合，幕府之所以能倒，封建制之所以能廢，主力既在薩藩，而人物的偉大，亦不能不推西鄉隆盛。至於他下面的人才濟濟，更不用說了。此外四大藩當中的土、肥兩藩的人才，也不算差，而且思想上的代表人物，都被土藩佔盡。偏偏在征韓論破裂之後，薩、土、肥三藩的勢力，倒得乾乾淨淨。當日一般維新功臣，到得後來，都弄到殺的殺，逃的逃。而掌握了中樞的兵財兩權，直造出後來軍財兩閥勢力的，卻是不乾不淨幾個長閥貪官，這不是很奇怪嗎？說到這裡，我們更可曉得一代歷史的創造，不是簡單的東西，成功失敗，不是絕對的問題，人才的良否，力量的大小，不是可以做絕對的憑據。在全時代的歷史當中，一代革命的成敗，民族勢力的興衰，文化的隆污，是整個的東西。個人事功上失敗的，倒往往是時代成功的原動力；而個人事功上成功的，往往是享受失敗者的福。我們試把日本這幾十年的歷史通看起來，西鄉隆盛失敗了，然而他的人格，化成了日本民族最近五十年的絕對支配者。各種事業的進行，都靠著他的人格來推進。當時隨著他失敗了的土肥兩藩的勢力，一化而為後來民權運動的中心，直到今天，他的餘蔭，還是支配著日本全部的既成政黨。那事功上成功的長藩，一方面既不能不拜倒在西鄉的人格下面，一方面也不能不隨著民論的推移，定他的政策。即以事業說，西鄉的征韓論，直到死後十八年，依然成為事實。到死後三十年，公然達到了目的。假使明治四年西鄉的征韓論通過了，也許是闖下了一場大禍，日本的維新事業，完全付之東流，而西鄉的人格，也都埋沒乾淨。

所以我們如果要讀一代的歷史，千萬不可被事實迷住，不可被道德迷住，不可被理論迷住。我們要看得透全部的歷史，然後讀書才是有用的。我們相信中山先生所主張的三民主義，的確是現代唯一的革命理論，他不但在事業上，指導我們的將來，他的理論，自自然然地替我們解釋了一切的歷史。日本自豐臣以來，直至條約改正，這三百年間的努力，民族主義的確是在無形中成了一個指導原則。從廢藩置縣解放農民直到今天，是一部民權鬥爭的歷史。現在已進入民生問題要求直接的普遍的組織的解放時代了。再把他橫溯上去，推論將來，不外是一部為「人民的生活，社會的生存，國民的生計，群眾的生命」而努力的歷史。這經過當中的是是非非，都不可執一而論的。

從政治史背面的殘酷和非道的當中，探討日本現代治者階級的來路。

現代統治階級形成的起點

現在我們想把明治維新歷史背面藏著的幾件事實寫出來，從政治史背面的殘酷和非道的當中，探討日本現代治者階級的來路。

山城屋事件

有一個長州藩的武士，名叫做野村三千三。在維新討幕的時候，和山縣有朋一樣都是做騎兵隊隊長。野村看見時代的趨向，漸漸從「刀」的勢力，變成「金錢」的勢力，於是棄官不做，想在商業上佔勢力。當時山縣有朋做陸軍大輔，因為同鄉同僚的關係，把國庫裡面的款子，借了六十多萬元給野村。野村便改了一町人式姓名，叫做山城屋和助，和外國人貿易。後來折了本，不得了，山縣沒有法子，只好再借款子給他，希望他翻本。和助說：「要翻本，除非自己到外國去，實在調查，直接和消費市場發生關係不可。」親自帶了大宗款子，跑到巴黎去。到了之後，這位和助先生，被巴黎的女優迷住了，於是忘乎其形地大闊大用起來，弄成了新聞紙上的材料。巴黎的日本公使，莫名其妙，打了電報回日本來，請政府調查和助的來歷。這個當口，剛巧做司法大輔的，是一個著名硬骨頭江籐新平。陸軍省裡，也有許多很恨長州人的薩派軍官。種種方面的力量湊起來，挪用公款的事就發覺了。還算這個時候，西鄉隆盛出來調解，僅僅把一個管會計名叫船越衛的革職，完了這段公案。後來山縣知恩報恩，把船越提拔起來做樞密顧問官，又把他的女兒，嫁給船越的兒子。

尾去澤銅山事件

日本東北，有一個藩國，叫做南部。南部藩裡的豪商，尾去澤銅山礦權所有者，名村井茂兵衛。因為一樁借款的事，替藩主墊了二萬五千兩金款。他們藩裡的規矩，藩主借民間的錢，不寫借字，要貸款人寫一個憑據給藩主。字據寫法也很奇怪，是「奉內借」的字樣。直譯出來，就是「奉內府所借」的意思。究竟是借藩主的呢？還是借給藩主的呢？照文字上，當然也可以說是借藩主的。廢藩置縣以後，各藩的債權債務，都由中央政府繼承。這時候井上馨做大藏大輔，就指定說這筆款子是村井茂兵衛所負的債務，要他籌還。村井哀訴苦辯，官府哪裡肯聽。村井沒法子，只得承認分五年償還，政府仍舊還是不理。過了多少日子，忽然政府把村井所有的尾去澤銅山標賣，井上指定自己的部下岡田平藏買了去。後來村井不服，起了訴訟，這件案子，也落在江籐新平手裡，一定要徹底根究，辦井上馨這般人的罪。三條木戶極力袒護著，辦不下去。江籐新平為此辭職，後來僅輕輕地罰了幾個屬員，就算完了。尾去澤銅山，依舊是井上的東西。由井上賣給了三菱公司，發一筆財。又和岡田平藏益田孝這一般人，做起大生意來，造成功財閥元老的基礎。這銅山是日本有名的銅礦，留心日本事情的人就可以曉得它的價值。在三菱公司，不用說是一件大寶貝了。

這兩件事不過是已發覺的最著名事件罷了，此外沒有發覺的事件，不知有多少。江籐新平因此非常不平，那抱陞官發財主義武士出身的新公卿，更恨江籐入骨髓，後來江籐新平在明治九年，起兵反抗政府，被政府軍打敗，捉來梟首，傳示各縣，江籐的子孫，至今淪落，都是由這種私恨發生的結果。

大正三年（一九一四年）的海軍受賄案，受有罪宣告的人，豈不是海軍部內的重要當局，和三井株式會社的重要當局嗎?為這一件事，三井費了許多錢，費了許多力量，運動減輕被告的罪名。海軍的財部，三井的三本，到底得了執行猶豫。這一件案子正是證明「武士出身的墮落官僚」和「町人出身的奸商」狼狽為奸的好資料。日本的大商家，可以說沒有一個不和陸海軍當局的結托，沒有一個不和元老有密切關係。陸海軍機關上的人物，和一般的官僚，也沒有不聯絡商家的。固然這種官商的結納，絕不盡都營私舞弊的，他的正面歷史，就是國力充實和文化的進步，不過在努力向上的方面看，「軍國主義」、「資本主義」、「官僚政治」這幾件事，也一樣是互相關聯，互相維持，沒有資本主義不維持軍國主義的，也沒有軍國主義能永遠避免官僚主義之發生的。就前面所舉這幾個重要案件看來，我們就可以曉得，當日本初發起維新運動的時代，那時腰插雙刀的武士裡面，確是迎著蓬蓬勃勃的民氣，出了不少的英傑。而一到了統一完成，國力鞏固的時代，從前的志士仁人，或死或退，或另開新路，投入民權運動，握權的都不是道德高尚的人。然而他的國力依舊蒸蒸日上的緣故，全在歷史所造成之社會力和民族力全部的效用。不過因為這一種重大缺陷，第二革命的因，又早種下了。「武士」和「町人」的結納，就前面所說的事情，已經可以明白了。由民權運動而起之議會政治下面的政黨，他的前因後果如何呢？這個問題，也是研究日本問題的人，不能不留心的。

古人論「兵」，以「道」為先，道就是主義，主義就是支配民眾利害的理論。

政黨的產生

同是一樣的「武士」受了「王政復古」、「廢藩置縣」的洗禮以後，也有得意的，也有倒霉的，也有間接做生意發財的，也有直接做生意折本的。十六年前，我旅居大連，有一天無聊的時候，同了幾個朋友，到一個日本酒館喝酒，遇著一個氣度很好而智識也很豐富的歌妓，舉止言談，都不似流落在海外的普通妓女，問起她的家世來，原來是一個士族，她的父親，乃是從前尊王倒幕時代的有名戰士，在十年之亂的時候，隨著西鄉戰死的。可見這「武士」階級的當中，也就命運太不齊了。

那些武士靠廢藩時候分得一點最後俸祿的公債，哪裡能夠維持生活呢？一般得意的，變做新時代的闊人去了。而大多數的武士們，坐吃山空，既不懂新式的洋文，又不通新式的操典。要想巴結著做官呢？也不是容易人人能夠的。有的打不來算盤，而又跑去做生意，於是折本倒霉，倒十有八九，這種人不用去說他了。那一些能幹有勢力得了地位的志士們，當中也有許多因為機會不好，或是自己力量不夠，或是脾氣不好，或是派別不合，或是思想不同，雖掌了權而又掌不了全權，和佔了地位重新被人擠了下來的，又不曉得有多少。得意的武士，固然是飛揚跋扈，出將入相。那失意的武士，而又硬骨稜稜，不甘落伍的人，也就免不了要做草大王了。

江籐新平舉兵，西鄉隆盛舉兵，這兩件是最大的事。「神風連」的舉兵，前原一誠、越智彥四郎等在福岡的舉兵，這幾件算是小事。在社會的全部關係上，都是有很重大的背景。但是從直發的原因看來，得意的志士與失意的武士衝突，失意的志士想要取得意武士的位置自代，是種種問題的因子。可是大勢所趨，社會的歷史的因果律支配著，得意的終是得意定了，失意的也算失意定了。失意的武士，受人謳歌，得意的武士，便受人唾罵，這些謳歌唾罵，一大半固然也有真正的是非在當中存在著，然而普通的原因，還是在同情於失敗者的社會心理。如果木戶大久保失敗，江籐西鄉這一般人戰勝，就大勢看，如前面所說的，日本的維新事業，或者倒因此不能成功。至於在主義上說，依然是二五等於十，軍國主義、資本主義、官僚政治，這幾個必然運命所產生的結果，決計不會有兩樣的。

這些舉兵的，算他們是勇敢，算他們是潔白，卻總不能不說他們蠢，不能不說他們不識時務。為什麼呢？因為他們在一方面，既然看不見國際政局的關係，一方面又不曉得有立憲政治民權運動這一條最適當的新路。不曉得把藩國的團結變成民眾的團結，去組織政黨，順應時代的需要，造就自己的新生命。江籐新平是曉得一點的，但是熱中政權之心太切，一點不肯忍耐，大部分又被意氣鼓動著，被歷史的習慣支配著，一到失敗，便去舉兵。西鄉的舉兵，固然不是出自本懷（江籐舉兵的原因，也有一大半是被部下逼著幹的），然而大多數的武士們的觀念，總以為天下大事，只有兵力是最厲害的，是能夠奪取政權、達到快意的目的，而忘卻了武力成功的前提，是在民眾的需要，在時代的要求。古人論「兵」，以「道」為先，道就是主義，主義就是支配民眾利害的理論。背道而馳，就是背時而行，結果沒有不失敗的。因而征韓辭職的參議，西鄉隆盛死在敗軍裡面，江籐新平又被捕梟首，一個氣蓋群雄的偉大英雄，一個高風亮節的廉潔學者，都落得如此悲慘的結果，寄與日本維新歷史上一大段的淚痕詩意，作後人追懷感詠之資。此外征韓論時代活動得最健的板垣退助、副島種臣[1]、後籐象二郎[2]這三個名士到哪裡去了呢？想起這一件事來，我們就要研究日本政黨的發生史了。

五參議辭職[3]之後，西鄉隆盛回鹿兒島辦學去了。到底西鄉的偉大，在這一件事上面，也可以看得出來。可惜後來被一群暴躁的小孩子硬斷送了。五參議裡面，最有新思想、在明治時代之前就主張四民平等的板垣退助，聯合了後籐、副島、江籐主張開設民選議院，發起愛國公黨，後來江籐遭了橫死，板垣恨得不得了。他說：「這樣沒有耐性的孺子，萬萬幹不了大事。」提起半部《民約論》，唱著「板垣不死自由不死[4]」的口號，回到土佐藩裡組織立志社，大倡民權自由主義。西鄉隆盛舉兵失敗之後，單想用武力改業的無效，已經是證明了。差不多的武士們，也不敢再舉兵了。迎著板垣的《民約論》，東也發起一個政社，西也發起一個政社。武士丟了刀，變作了政客文人，板垣的愛國社，成了政治運動的中心。一變為「國會期成同盟」，再變為自由黨。不附和五參議辭職的大隈重信[5]，也組織了改進黨。這一個普遍而深切的民眾運動，在一方面促進了日本的民權政治，一方面促成了廢除不平等條約的事業，一方面促進了一般青年智識為後來科學發達的基礎，而現在的社會運動，也種因於此時。我們細細從種種方面考察起來，就曉得不止日本的立憲政治由此而生，連一切勞動運動、婦女運動，乃至今天最猛烈的水平運動，直接間接，都脫不了此時的關係。失意的武士和得意的武士，官僚與革命黨，軍閥與商人，保守與進步，每一個偉大的時代轉換，必然是兩面分化著，適合於當時人們生存的需要和能力，不斷地進步。讀歷史的人，如果不懂保守主義者在建設上的功績，也就不懂得革命主義者在建設上的恩惠。

既然有了政黨，有了議院，和議院站在相對地位的政府，當然要想操縱議會，操縱政黨。操縱的辦法，只有兩個，一個是壓迫，一個是收買。再從經營工商業的人一方面看，沒有政黨，沒有議院，一切運動只要對政府一方面便得了。既然有了議院和政黨，他們拿著立法權，所以無論什麼問題，都非聯絡議員，買通政黨不可。從政黨本身看，政黨的目的，就是掌握政權，不能夠完全掌握，也得接近政權。要掌握政權、接近政權，先要擴充黨勢。金錢這樣東西，當然缺不了。所以政府既然有利用政黨的必要，商人也有利用政黨的必要，政黨有利用官僚的必要，同時也有利用商人的必要，潔白的領袖和黨員，用不來卑劣手段、受不慣勢力壓迫，當然幹不了這樣勾當，自由黨之所以解體，原因完全在此。其後進步黨的基礎，也隨著自由黨的解體而動搖。最初成立兩大政黨的後身，都投降在官僚、軍閥的旗下。在「政治」這樣茫茫大海裡游來游去，打翻身、玩花頭的政客們，一定不是走官僚軍閥的路子，便是靠資本家的豢養，朝秦暮楚，總是為的「政權」、「財權」。而且還得不著政權財權，只不過依靠政權財權，討得多少殘羹剩粥。強的利用人，弱的被人利用，這雖不是日本一國獨有的弊病，卻是在民權的基礎尚未確立、立憲政治的體用尚未具備時，僅靠著依附弄權過日子的日本政黨，這樣的毛病更是多極了。所以我說，政黨的生命，必須要維持一種堅實的獨立性。要具備革命性，才能夠維持真正的獨立。如果把革命性失卻，獨立性也就不能具備。什麼是革命性，什麼是獨立性呢？當然不外乎「革命的主義」、「革命的政策」、「革命的策略」。這三樣東西，更靠革命的領袖和革命的幹部而存在。且看離開了板垣之後的自由黨，一變再變成了什麼樣子？政黨變成了股票交易所；政黨的幹部，變成了「掮客」的公會；而軍閥、官僚和商人，卻成了有財有勢的顧主。明治維新的末運，便由此現出來了。

1 副島種臣（1828－1905），明治維新時代的「佐賀七賢」之一。

2 後藤象二郎（1838－1897），幕末、明治時代政治家，主張君主立憲制。

3 一八七三年，西鄉隆盛改組政府，西鄉隆盛、副島種臣、後藤象二郎、板垣退助、江藤新平、大久保利通，六人擔任參議，為最高決政者。除了大久保，其他五人主張征韓，與內治派不合，共同辭去參議，離開明治政府。

4 「板垣不死自由不死」應為經過廣泛流傳後的口號。據記載，板垣在重傷時喊出的口號更接近「板垣會死，但自由不會死」。

5 大隈重信（1838－1922），幕末、明治時代政治家。曾任第八、第十七任日本內閣總理大臣，也是早稻田大學的創立者。

戰爭和武力是一切社會力的徹始徹終的表現，不過不是目的而是手段，不是經常而是非常，不是全部而是一部。

國家主義與軍國主義

我們總理孫中山先生在民族主義第一講上面說：「民族和國家是有一定的界限。要分別民族和國家最好的方法，是從造成的『力』是什麼上面去求。民族是由天然力造成的，國家是由武力造成的。中國人說，王道是順乎自然。換句話說，自然便是王道，用王道造成的國體，便是民族；武力便是霸道，用霸道造成的國體，便是國家。」

這一個說明實在是分別國家和民族最好的定義。讀總理書的人要曉得總理在這一篇講義裡面主要的目的，是說明國家主義和民族主義的區別。主義的意思，總理已經很明白的講過了，是「一種思想生出信仰，再由信仰成為力量」，換一句話說，能夠決定人類之生活的方式、生存的方向、生計的方法、生命的意思的主旨。再明白些說，就是人生的目的和達到目的的途徑，就是主義。古人講道德，道是什麼，用字雖然不同，我們很曉得和今天我們所用的主義這一個字，是沒有兩樣的。德就是能夠行主義，而有得的能力，和能力所發生行為之總和。所以並不是除卻一個主義，就沒第二個主義存在，而必定有兩個以上的主義存在，方才發生主義的效力。凡是一個主義，必定包含著許多事實，必定認定有一個主義的本體，民族主義的本體是民族，國家主義的本體是國家，但是民族不是不要國家的，而民族主義的國家是以民族為本體，國家主義不是離開民族的，而組織不是以民族為單位，不能適合於一切民族的存在。更有一點，我們要特別留意的，就是總理所主張的民族主義，是以民族之平等的存在發展為基礎。主張民族即國族，有一定的分際，不能隨意曲解。所以以一民族為主體而壓迫他民族所組成的國族，是國家主義、帝國主義而不是民族主義。這都是就人類的目的，和達到目的的途徑立言，並不注重在詳詳細細說明民族和國家，而是注重在說明這兩個主義。至若說到這兩個團體的本身，他的成立經過，在歷史上的關係，是比較複雜的。

許多現存的民族，除了很野蠻的民族而外，沒有不是由幾個民族混合而成的。所以「歷史民族」即是「文化民族」，而「文化民族」即是「混合民族」。混合的次數越多，文化程度越高。民族的成立，混合是一個頂大的要素。混合的事實，就不外總理所指出的幾種：一血統，二生活，三語言，四宗教，五風俗習慣。這幾種混合的要素，都不外以「力」為結合的中心，強的可以吸收弱者，大的可以吸收小的。成就一個完全的民族，是要經過很長的歲月，這很長的歲月當中，要經過很多次的變遷，變遷的重要形體，往往仍舊不脫國家團結的形式，不過國家這一個形式，只是形式中的一種而不是全部，並且所經過的國家組織，時分時合，隨時是隨各種自然力而為變遷。所以我們曉得一切國家，總不能離開民族的基礎，一切民族，也不能拋開國家這一個工具。只是說到行動方針的主義，在今天這一個時代裡，便有確然的分解，而不能夠相混的。

我為什麼要把這一個道理來辯明呢？是因為要避免一種極端論者的誤解。分別不清楚事實和主義的人，往往會產生一種錯誤的理解，以為民族的成立，絕對不要武力，而國家的成立，是單純靠著武力一個力量。孔子說：「足食，足兵，民信之矣。」孔子是不講霸道的人，是反對武力的人，而他不能不承認武力是維持人民信仰的最大原因。中山先生也是反對霸道、反對帝國主義的人，他的目的在救國，救國的手段，仍舊注意在造成適當的武力，作適當的活動。因為我們今天講民族主義，我們的目的，是要建設民族主義的國家。說到建國，便不能不受「國家是武力造成」這一個原則的支配，要建國，要救國，而不注意武力，是絕對要不得的。這些年來，中國對於武力，簡直可以說沒有正當的瞭解，有一個時代，一般國民的思想，幾乎把武力鄙棄得不成樣子。從民國三、四年以來，到八、九年的當中，聽見武力就反對，以為這是一個頂不好的東西。就是最近這兩年，風氣變了一點，然而在「打倒軍閥」這一個口號之下，一般人對於武力依然沒有正確的瞭解，連軍人的當中，都沒有敢主張軍隊是國家存在唯一的組織原素，戰鬥是民族存在唯一的動力的人，這的確是思想界的最大弱點。我們試看，人類的生活哪一樣不是含有很強力的鬥爭性的。就是血統、生活、語言、宗教、風習，這五種民族力的存在，哪一樣不是在鬥爭的當中進行著。「天行健，君子以自強不息」這一種努力向上的觀念，是表明自古到如今人類生存競爭的真理。戰爭和武力是一切社會力的徹始徹終的表現，不過不是目的而是手段，不是經常而是非常，不是全部而是一部。互助的組織、和平的幸福，乃是全人類經常的手段和經常的目的所在。所以我們不主張軍國主義，而我們承認在建國的工作上，必須有軍政的組織，在民族競爭的當中，必須造成強有力的軍隊，在世界的目的當中，必須要以中國民族的能力，為世界人類打不平。過去和現在的一切歷史事實，都是如此證明的，我們看見日本民族種種歷史上的思想，看見日本維新的思想根據，使我們愈加瞭解「武力」和「戰爭」這一個事實，是建國的最要緊的手段。不經過很多的惡戰苦鬥，費過很大的犧牲，民族的平等，國家的獨立，是決計得不到的。我們要主張取消不平等條約，要主張中國人在世界上生存發展的權利，要為一切被壓迫的人類打抱不平，必須要造成強有力的武力。今天我們反對中國的一切軍閥，並不是因為他們有強有力的軍隊，而是因為他們不能為國家為民族為民眾造成強有力的軍隊。試看過去他們的軍隊，如何的脆弱，如何的腐敗，如何的墮落。他們的行徑，說不上是什麼主義，他們的力量，更夠不上維持什麼主義。中國的兵家，以孫子的著作最有系統、有價值。今天翻譯外國兵書的人，還是借用他許多的名詞。他講兵力的構成原素，第一就是「道」。他為「道」字下的註解就是：「道者，令民與上同意也。故可與之死，可與之生，而民不畏危。」

這一個定義和總理宣言上所說「使武力與人民結合，使武力成為人民之武力」的話有什麼兩樣呢？我們中國人因為這些年受軍閥的壓迫太多了，所以只有從消極的方法，解釋總理《北伐宣言》上的兩句話，而不曉得在兵學的原理上，非此不能造成強有力的武力，作為民族爭生存的基礎。中國民族如果不能夠決死，絕不能夠求生。要想求生，必定先要敢死。要民族敢死，在今天世界文化的條件下面，必須要成「有意識的民眾的武力」。從前的民族競爭，只是單純的爭生存。單純的爭生存，就需要軍國主義。今天的民族競爭，不單是爭生存，而且是要爭「有意義的生存」。我們的三民主義，就是今天生存的意義，要全國上下都能同意，要將士兵卒都能同意，然後才可與共死，可與共生，而不畏危。這是我們今天的「共由之道」。

日本維新的歷史，我們已經從前面種種事實講明白許多了。我們再從國家的意義上看，可以看得明明白白，日本民族之所以有今天，完全是幾次戰爭的結果。而這幾次戰爭得到勝利，都是人民與政府同意的結果。就國內來說，倒幕府廢封建的完全成功，是明治元年之戰、九年之戰、十年之戰的成績；廢除不平等條約，是二十七、二十八年戰爭的成績。取得世界強國的地位，是三十七、三十八年之戰的成績。這幾件重大事實，是我們不能不注意的。

各國的思想，傳到日本之後，儘管可以風行一時，而能長久存留在日本，而且化成日本人的思想，在行動上的，只有適合於他這一種國家目的的思想。

軍國主義的實質

在世界大同不曾成就的時代，說國家是人類生活的最高本據，這句話恐怕不太適當吧。無論帝國的主義如何，既然是國家，就不能不受「國家是武力造成的」這一個原則所支配。古人講政治，說是「國之大事，在祀與戎[1]」。孫子論兵，說是「兵者，國之大事」。所以說到建國，絕不能離開兵力。不單不能離開兵力，而且若不是舉國的民眾，在一個意志的下面團結起來，認定軍事是「生死之地，存亡之道」，上下一心，作真劍勝負的預備，是決計不成的。日本建國的思想，在前幾章已經講得很明白，他是在一種「民族的宗教信仰」下面，統一起來的新興民族。他們把古代的「滿津裡古登」（政治）復活起來了，他們所信仰的，是男性萬能的君主神權，是武力中心的統帥政治，而「祭祀」，是他們理論上的政權出處。在這樣一個國家組織之下，又當四圍環境惡劣至極之時，其由封建政治一變而為軍國主義的近代帝國，這是毫不足奇，而且在當時也是很應該的。

日本民族在現代總算是強盛起來了。雖然在文化上，西洋諸國不過曉得日本是一個富於溫泉而風景秀麗的地方，是一個以仇討和情死為道德中心的民族，而同時把「浪子樣」看成日本社會倫理的標準，而把「日本文化」和「小兒玩具」看成同等的東西，然而到底不敢輕視日本的國力和民族力。從東方全體來看，日本維新的成功，的確是有色人種覺悟的起點，是東方民族復興的起點。前面幾章，把日本「祀」的起源變遷，大約說過了。就戎的方面來看，日本是怎樣的組織呢？這也是我們不十分留意的。

軍國主義這個東西，不僅只是一個思想上的表現而已。如果他僅只是一個思想的表現，絕不能成就一個偉大的勢力，一定要成為一種制度。這一個制度，是以軍事組織的力量，作政權的重心，一切政治的勢力，都附從在軍事勢力之下，一切政治的組織，都附從在軍國組織之下，必須這樣，才能成為軍國主義的國家。如果不然，即使擁有很多的兵，我們不能說他是軍國主義的。譬如英美那樣帝國主義的大國，我們不能承認他是軍國主義，而黑山國[2]那樣一個小國，是很的確的軍國主義。這一個道理，很多人是認識錯誤的。

日本軍國主義的組成要點何在？我們第一要看他軍權、政權是統一在什麼地方，所謂統制權的行使，是握什麼機關之事，國防、外交、財政、教育、工業，這幾個重大的政治機能，是如何運用。第二要看軍隊組成的制度如何，壯丁訓練的普及程度如何，動員的設施如何，社會的風紀如何。我們要能夠從這兩點仔細觀察時，就可以曉得，到日俄戰後幾年止，日本的確是一個徹頭徹尾的軍國。雖然是開設了議會，制定了憲法，然而政權的重心，完全是在軍事機關，操縱政權的主要人物，完全是武人，議會不過是調劑民眾勢力與軍事勢力的機關。內閣的主要任務，是以民眾意思和統治者意思兩個重要事實作基礎，從實際工作上，打理政治的分工合作，使軍國的企圖能夠確實成立。而且就整個政治機能上看來，內閣的權能，實在薄弱得很，與其說他是內閣，毋寧說他是最高行政會議；再從財政上看，統制分配的基礎，完全是軍國的利害，而不是國民經濟的利害，分配的實際，是把軍費作為主要目的，其他一切政費，都不過是剩餘分配的地位。皇帝的稱號恐怕不能確實掌握軍國，於是再加上陸海軍大元帥的稱號。軍令機關，以大元帥幕僚的意義，完全獨立於內閣之外，直隸大元帥之下，不受政治上的任何動搖。掌握政治中樞權能的樞密院，在一方面，是皇帝的政治幕僚，在一方面是政權的最高集中點，而實際上確是軍令機關的政治代表處。外交方針，財政方針，教育方針，都以國防計劃為基本，所以外交是軍事交際，財政是軍需，教育是軍事訓育。這一種關係，在思想上固然看得出，在政治上，在法律上，也可以看得出來。日本的政治組織，所以不能學英美，並且不能學法國，而必須學德國的緣故，就是為此。由此看來，我們可以明白，一個國民的哲學，是說明他的行動，而不是指導他的行動。近數十年當中，各國的思想，傳到日本之後，儘管可以風行一時，而能長久存留在日本，而且化成日本人的思想，在行動上的，只有適合於他這一種國家目的的思想。反是則只限於學者的研究，少數人的玩賞，而不能發生實際的效力。

再從這三十年來的政權起伏、人物交替上看，我們可以很清楚的看出他的一個奇特處來，就是換來換去總在長州軍閥勢力的這一個圈子裡。而政黨的轉換，更是從議會開設以後，一步一步和政權接近，便一步一步的被軍閥同化。如果反乎這一個趨勢的人，不是被壓迫而倒，便是自己知難而退，英美式的兩黨對立的現象，固然不見之於日本，而法國式的小黨分立的現象，亦復不見於日本的。自由黨的勢力，一附於伊籐，再附於西園寺[3]——西園寺雖是公卿，而其實是很聰明地能夠順應軍閥的趨勢的人——最近分裂之後，老老實實地，附到田中大將[4]的麾下去了。

進步黨潰裂之後，留著一個國民黨的殘骸，當桂太郎[5]出而組黨的時候，大多數的議員，也都走到他的麾下。這種情形，有人說因為日本的政黨，民眾的基礎太過薄弱，其實民眾基礎所以薄弱自有原因，過去許多年當中，在軍國主義籠罩之下的日本民眾，的確是謳歌軍國主義而不謳歌政黨政治的。這一個軍國主義的勢力，到桂太郎出而組織政黨的時候，已經發生破綻了。大家都曉得，長州軍閥的元老，除了山縣有朋之外，第一個最有勢力、有資望的，就是桂太郎，他是陸軍大將公爵。在日俄戰爭之後，日本的政權，可以說完全操縱在他的手裡。何以他要捨了軍事上的地位而投身於政黨的活動呢？在一方面我們不能不佩服桂太郎的高明，而在一方面，我們不能不看見日本民眾勢力漸次勃興。中國革命的成功和滿洲帝室的崩潰，是給日本民眾以最大刺激，同時給日本的軍閥以最大的刺激。

桂太郎這一個人，的確要算日本近代第一個有偉大眼光的政治家。他看見世界大勢的移動和東方革命潮流的湧起，知道軍國主義的政治組織和軍閥的政權，不能長久繼續。於是乎他毅然決然，抱定造成政黨政治基礎的目的，跳入民眾政治圈裡。同時他又看見英帝國覆敗的時期逼近，東方民族獨立機運的勃興。於是乘著戰勝俄國的威光，同時做聯德倒英的計劃，可惜他到底是前時期的人，他看得見大勢的激變，而看不到這個激變是從社會的根底動搖起。時代的轉換，先從中心人物的轉換起，天時人事，都不容他的雄飛，竟自飲恨而終。桂太郎死後，日本軍國主義之政治的代表人物，可以說是沒有了。接著寺內[6]死了，現在的田中，明明白白是軍閥的迴光返照。所以論日本軍國主義的時代，我以為桂太郎的死，是一個大關鍵。自此而後，一方面現出思想界的大變遷，一方面現出國際政治的大變動。不單日本軍國主義走下坡路，全世界的國家基礎，沒有一個不走進革命期的了。

1 語出《左傳》。祀指祀禮，延伸為祭典；戎指軍禮，延伸有兵器、軍隊、戰爭之意。

2 黑山國，即蒙特內哥羅。

3 西園寺，即西園寺公望（1849－1940），曾任日本首相。

4 即田中義一（1864－1929），幕末長州藩武士、政治家，曾任第二十六任日本內閣總理大臣。

5 桂太郎（1848－1913），曾任台灣日據時代第二任總督，三度出任日本首相。

6 即寺內正毅（1852－1919），曾任日本首相。

「自然」是大公無私的，它不單是不私於野蠻，它也不私於文明。它只要懲罰墮落，懲罰文明的浪費者，懲罰懶惰而不努力求生存的人。

中日關係與日本南進北進政策

什麼叫國際關係？什麼叫外交？我們要看清楚，他的基本，畢竟是在一個民族的發展，而國家僅是達到目的的手段。到得目的達到，手段的本身，便隨著變革，過去民族主義會變成國家主義，國家主義會變成帝國主義，就是這個緣故。所以主張民族主義而不同時主張民權主義、民生主義，以民族平等為基礎，以民權為骨幹，以世界大同為目標，則其結果必定會重蹈過去一切帝國主義的覆轍。三民主義所以是解決現代人類生存問題的最完美的原則，價值即在於此。我們看日本過去的歷史，在他的民族統一運動當中，同時就發生帝國主義的傾向。豐臣秀吉征韓之役，明治初年的征韓論，明治二十七、二十八年的中日戰爭，明治三十七八年的日俄戰爭，歐戰中的青島出兵，西伯利亞出兵，這許許多多歷史的事跡，都是在一條很明瞭的道路上行進，他是由民族主義一變而為國家主義，再變而為帝國主義。並且我們看得很清楚，他的民族主義開始的時期，已經包含著帝國主義的胎種。我們試讀山鹿素行所著的《神皇正統論》、《中朝事實》，德川光國所編的《大日本史》，賴山陽所著的《日本政記》，我們已經很感覺到日本民族的目的，不僅在統一民族而在征服四圍的民族建設大帝國了。他們心目中的「神」，就是世界全體的意識，而「神皇」的思想，就是統治世界的意識，和羅馬的「該薩[1]」，俄國的「查阿[2]」，波斯的「沙因沙」，蒙古的

「汗」，土耳其的「加利夫」的觀念，是一些沒有兩樣的。「繼絕世，舉廢國，厚往薄來」，這一種世界政治道德的觀念，的確是中國這一個最古的「世界國」的特色，而不是那些「強而小的民族帝國主義」所能夢見的。

但是我們始終要看見，民族生存的對象是世界。民族主義發生的時候，同時就是世界觀念明確的時候。在從前沒有中山先生這樣崇高而偉大的三民主義發生的緣故，一則是別的民族，沒有中國這樣久遠而偉大的歷史，二則全世界一切國家的關係、民眾生活的組織，沒有今天這樣密切而發達。所以在美洲獨立的時代，有這樣的觀念而沒有這樣制度的主張，在歐洲諸國有反帝國主義的運動，有三民主義的實際趨向，而沒有這樣明瞭的意識。我們越是研究各國的歷史觀察，國際的交涉，民族的興亡，越是確信總理的三民主義，不單是後來居上的政治理論，並且越是確信復興中國國家道德的思想，是改革世界政治生活的起點。

世界一切民族的生活，到得有了交通，有了生產的交換，於是一切關係，便都是相互的了。甲國的文化，輸入乙國，成為乙國新文化的資料。到了乙國新文化成了之後，又再輸入於甲國，變成甲國改造的標本。如是互相影響，互相感化，互相逼迫，造成大同的基礎。所以有了「車同軌」，必是會「書同文」。到了「書同文」的時代，一定會「行同倫」的。但是這一個人類文化大同的運動，在國家生活的當中，常常是用武力為推進的動力。我們看世界文化的交通，不曉得藏著多少悲慘的戰鬥歷史。這盲目的戰鬥，如果是文明的民族戰勝了，文化的推行，自然特別順當而且迅速。然而歷史上的事實不是如此。山蠻海寇侵奪文明民族的生活本據，殘破文明民族的工作成績，使文化的進展，一退幾百千年，這樣的事實，歷史上不知多少。所以文明民族如果忘記「奮鬥」，忘記了「武力是文化推進的原動力」，這就是「文明的墮落」。「自然」所要的，只是人類的努力，人類的生存。「自然」是大公無私的，它不單是不私於野蠻，它也不私於文明。它只要懲罰墮落，懲罰文明的浪費者，懲罰懶惰而不努力求生存的人。為生存而奮鬥的，自然給他生存；為文化而奮鬥的，自然給他推廣文化。除此而外，自然不給他什麼，也不聽從他什麼。

我們試想，中國和日本這個民族，地面的差異，人口的差異，都在十倍以上，而文化的差異，卻是差了幾千年。當中國文化的黃金時代，日本地面，還是穴居野外的生蕃，便是他所謂天孫民族的這個階段，還不知是在何處。然而中國文化輸入日本而後，不過經過一千幾百年，他便造成了日本民族的統一。如果把一個日本三島，當成一個世界來看，就是已經造成了一個大同的文化，而旁邊的中國民族，一天比一天墮落。最初賜文化給日本的朝鮮，更是墮落得不成樣子，如果不衰，誰敢去問他鼎的輕重[3]。中國民族如不衰敗，日本何敢起侵略中國的野心。蒙古滅宋，這是刺激豐臣秀吉的最大事實。滿洲滅明，英法侵略中國，兩次訂盟城下，是引起西鄉隆盛等的野心最大的事實。自此而後，日本的內政一天分明似一天，進取的能力，一天增加似一天，帝國主義的雄圖，油然興起，而歷史上的傳統政策，便確實進行起來了。

在日本維新之前，俄國的勢力從北方壓迫到日本來。這個時候，日本志士當中，已經生出一種防北的主張。開發北海道的政策，就是由此而起。這防北的政策，就是北進的基礎，北進的道路，不用說是跟著神功皇后[4]、豐臣秀吉以來的傳統政策來的。他們唯一的目的，就是征服高麗，侵略滿洲。在明治元二年，已經有幾個很狂妄的武士，主張日俄聯盟瓜分中國。後來中國的國力，一天衰似一天，滿清統治能力的薄弱，已經被日本看透了。中法戰爭的時候，中國連戰連勝，依然北京政府要忙著割地賠款，這樣的情形，哪裡不引動日本的輕視呢！不止此也，此時俄國勢力的南下，一天緊似一天，如果日本不努力南進，他也怕唇亡齒寒，佔了滿洲的俄國，一定向高麗進取，以那樣腐敗的朝鮮王室和兩班，哪裡擋得起俄國的一蹴，所以他們的北進，也可以叫作實逼處此。中日戰爭和日俄戰爭兩次的大戰，他們也是拚著民族的興衰、國家的存亡來的。畢竟中國和俄國，都是世界的大國，以小抗大，而且是抗十倍之大，難道日本人真是瘋子，一點不會作退一步的想嗎？前進是生路，後退是絕路，他們也是算清楚了的。

日本開國進取的方針，不只是北進的，南進的策略也是一個很重要的趨勢。在幕末時代，壓迫日本的外國勢力有兩個，一個是從北方來的俄國，一個是從南方來的英美諸國。從大陸來的俄國，引起日本的北進，而從海上來的英美諸國，便引起日本的南進。其實這兩個名詞，還是不很妥當，我們還是說它是「大陸進取政策」和「海洋進取政策」要明顯些。代表大陸進取的是陸軍軍人，當然代表海洋進取的是海軍軍人了。中日戰爭之後，北進的政策，被三國干涉[5]阻止了，而南方得了台灣，成為他海上進取的基礎。日本的移民政策，便隨著商業的關係，拚命向海外求生路。然而生路是很少的，佈滿了美澳兩洲的「排黃運動」，不單是阻止著中國人的求生之路，也是阻止著日本人的求生之路的。所以這若干年的當中，日本在美洲的發展，也只有擠開一些中國人，得著一點苟存的地位，並不純為東方民族創得一些基礎。太平洋的歐亞人種競爭當中，處處包含著中日民族的競爭。我們每看到日本人排斥海外華僑的言論，不惟引起我們一種憤恨的心理，並且使我們想到日本也是東方民族，何以竟沒志氣一至於此，真不由不替東方民族歎息了。

1 即凱薩。

2 即沙皇。

3 鼎在中國古代被視為立國重器，是國家和權力的象徵。春秋時期，過問鼎的輕重、大小被視為不禮貌的行為。「問鼎」在後來被延伸為謀取政權，或謀取最高榮譽、地位。

4 神功皇后，生卒年份不詳。日本古墳時代的皇族，傳說她在仲哀天皇去世後曾長期攝政，為日本史上首位女性君主。

5 指甲午戰爭後，俄、德、法三國干涉還遼事件。

他看見必定要造成新的生命，然後舊的生命才可以繼續；必定要能夠接受世界的新文明，才能夠在新世界中求生存。

板垣退助

板垣退助：日本維新元老，主張自由民權，以庶民政治家形象深受人民愛戴，留下「板垣會死，但自由不會死」名言。

我們且把自由黨的板垣先生的一生看看，他是日本民權自由運動始祖，在明治維新的人物當中，他是一個最特殊的人才。當時日本的維新志士，他們的思想，都是很簡單而且是復古的。維新這一個大事業的動機，完全在歐洲的勢力壓迫，對於世界的問題，那些志士們只是一味的排外，再也造不出新的道路來。只有板垣退助，他不僅是尊王攘夷，他是看見必定要造成新的生命，然後舊的生命才可以繼續；必定要能夠接受世界的新文明，才能夠在新世界中求生存。在國內的政治上，他更看得見一代的革命必定要完全為民眾的幸福著力，必定要普遍的解放民眾，才可以創出新的國家。所以他拿起當時剛譯起的半部《民約論》，猛烈的主張自由民權，這一個運動，的確是日本一切政治改革、社會改革的最大動力。並且當時他和他的同志，不單主張解放農民，還努力主張解放穢多、非人那一種最悲慘的階級。直到後來，他和他的幾個舊同志，離開了政治社會之後，大江卓也[1]還是奉著他的教義，專門從事水平運動[2]。今天社會運動當中最有力的水平社[3]，確是發源於板垣一派的自由運動。這一個民權運動，一方面使下層民眾得到了多少的自由，一方面也造成了現代產業文化的基礎。至於日本的立憲制度，不用說是他直接的功勞，所以不但是日本的農夫工人應該感激他，就是那些闊老官，也沒有不受他的恩惠，更應該要感激他的。

如果沒有板垣先生的奮鬥，日本今天哪裡有這樣的文明，這樣發達，真要算他是近代日本的第一個恩人了。而且他的努力，是至死沒有休止的。他晚年雖然絕對拋棄了政治活動，在很窮的境遇中，過他很嚴謹而虔誠的敬神生活，然而對於為民眾謀自由的努力，仍舊繼續著。看見日本政府對台灣那樣的高壓政策，和不平等的待遇，他非常痛苦，認為這是人道所不許的，於是發起台灣同化會，主張日本應該撤廢特殊的統治台灣的法律，給台灣人一樣有憲法上的權利。他以八十幾歲的衰老身體，親自冒著大熱炎天，到台灣去宣傳。後來他一離台灣之後，日本的台灣總督，便把他發起的會所封了，辦事人拿了。

我從「文明」、「人道」的意義上，很欽仰這位先生。從前每到日本，總去拜望他，但是我到他家裡去一回，傷感一回。他本來不希望舒服，不希望陞官，不希望發財，所以才落到這個境遇。苦也是他的本分，窮也是他的本分。這樣一個討幕的健將，維新的元勳，立憲政治的元祖，竟沒有人理睬他。不是「門前冷落車馬稀」，簡直是「門前冷落車馬無」，連一個討材料的新聞記者，也沒有上門的。至於他的生活呢？每月總有一兩回連米錢、房錢都付不出，窮到不成樣子。我覺得日本這些慣講「食祿報恩主義」的人們，真是完全被「町人根性」同化了。從前名震一時的大井憲太郎[4]、大江卓也之流，落魄京華，更不用說是當然的了。但是我們再仔細研究一下，何以他們會落到如此境遇呢？這是很明顯的板垣退助等所主張的一切主義、一切政策，已經都成功了。而民權政治的毛病，同時也現出了。在這時候，他是再作第二次的革命運動呢，還是隨著時代腐化下去呢？第一件他不能做，第二件他不願做。一面是不能，一面是不願。他又不能開一個新生面，另立一個工作的方針，另造一種社會的事業。自然他的社會生命已隨政治生命俱去，所能保存的，就只有一個使後人追慕的道德人格。所以一個民眾的領袖，必須要時時刻刻，能夠順應著時代的要求，不斷的努力，不斷的奮鬥。失卻「天行健」的精神，萬不能希望事業成功，而拋棄了戰鬥的生活，只是作消極的隱遁，消極的勸告，也是不成功的。

1 大江卓也（1847－1921），日本政治家、企業家，後籐象二郎的義子。

2 水平運動的宗旨，在於解決明治維新後，因解放令等富國強兵政策而受苦的人民的惡劣生活環境或教育水準。

3 水平派於一九二二年創立，其中創社宣言「完全不允許對各種人群的歧視言行」被認為是日本最早出現的人權宣言。

4 大井憲太郎（1843－1922），日本明治維新時期政治家、社會運動家。

假若桂太郎不死，東方的局面，可說絕對不是今天這樣的。現在日本這一般政治當局，無論是政府的大臣，是政黨的領袖，都是些隨波逐流，沒氣力、沒志氣、沒計劃的普通政客。

桂太郎

桂太郎：日本第11任、13任、15任內閣總理大臣。在位共達2886日，為日本歷史上在位最久的首相。

我們立腳在理論和歷史兩個重要的問題上面的人，我們一切的批評，只有事事根據事實，事事根據理論，我們不曉得有恩怨，不曉得有私交，不曉得有客氣。我在日本有不少的至友，不少的先輩，或者可以說，我之社會生活，在日本還多過在中國罷。但是我們到得立腳在評論國事的時候，我們不能管那些，我們只有說明事實，闡發主義。

田中大將也要算是一個很熟的朋友了，他的幕僚部下當中，更有不少的至交。我在未批評他們之先，我想附帶講一句話，就是希望他們看見了這一篇文字之後，要深刻地反省，要曉得我的敘述和批評，是顧不得世俗之所謂客氣的。

民國二年的春天，總理中山先生特地訪問日本，那時我隨從總理做秘書，在日本六十天的時間中，一切演講、宴會、訪問、交涉，事事參與，那時一切經過，我至今還是很詳細記憶著。因為那一回每事都是我做翻譯，每一件事都有聽兩次說兩次的機會。以後關於日本的交涉，總理常常命我去辦，卻是每一件事只有聽一回說一回的機會，記憶反而減少了。

那一年在東京四十天的當中，最值得我們記憶的，只有一件事，就是中山先生和桂太郎公爵的會見。桂太郎這一個人，大家都曉得，他是日本軍人政治家當中，最有能力而當權最久的一個人。日本自有內閣制度以來，沒有他做總理那樣久的[1]。伊籐博文[2]組閣三次，總共不過六年十個月，他也組閣三次，卻有了七年十個月之久。他第一次組閣，是明治三十四年六月到三十八年十二月（1901－1906）。在這幾年當權的當中，他所幹的兩件最重大的事情，就是日英同盟和日俄戰爭。從外交史上看，大家都曉得英國是標榜「榮譽孤立」的，在百年以來，英國沒有和任何國家締結過同盟。這一次把百年政策之一的「榮譽孤立」拋棄了。和日本聯盟，這自然是他認為有民族興衰、國家存亡的大關係，才肯出此的。至於日本，以一個東方新興的國家，才從不平等條約的束縛下面，解放了不過十年，便和世界第一個強大的帝國結成攻守同盟，造成他戰敗世界第一大陸國家的歷史，這真是日本民族最大的奮鬥成功。不特此也，這一件大事，可以說把全世界都整個推動了。由日本戰勝的結果，打破了東方民族不能戰勝西方民族的催眠術。全東方的民族，都活潑地動作起來，世界民族革命的新潮，從此開始。因為俄國戰敗的結果，才造成英法協商和三國協商，繼續五年死亡二千萬的世界大戰[3]，以及俄、德、奧、土四大帝國的倒塌，都由此而起。無論是非如何，桂太郎這第一次登台四年零七個月當中的成績，的確要算是世界史上空前的偉觀了。

桂太郎的事跡，世間所知者大都如此。而不曉得他在日俄戰爭之後的計劃，更屬可驚。他的高識遠見和通權達變，的確不是日本現在一切政治當局所能望其項背的。在中國排滿革命成功之後，他特意派人對中山先生表示親近的意思。及中山先生到了日本之後，那時他正是第三次組閣的時候，他特意約中山先生密談兩次。這兩次密談的當中，他和中山先生都可算是盡傾肺腑的了。而自此以後，桂太郎之佩服中山先生和中山先生之佩服桂太郎，可到了極點。兩人之互相期望，也到了極度。桂太郎死後，中山先生歎氣說：「日本現在更沒有一個足與共天下事的政治家，東方大局的轉移，更無可望於現在的日本了。」當桂太郎臨死的時候，他對在旁視疾的最親信的人說：「不能倒袁扶孫，成就東方民族獨立的大計，是我平生的遺恨。」由這兩個人的感情上，大家總可以瞭解，桂太郎的心胸和氣魄了。何以一個帝國的大軍閥領袖，一個民國開國的革命領袖；一個軍國主義的權化，一個三民主義的宗師，會如此互相諒解呢？他們兩人的互諒和互信，不是在學術思想上，不是在國家思想上，而是在以東方民族復興為根據的世界政略上。桂太郎和中山先生密談，前後約計十五六小時，桂太郎的話的要點，我可以記出來：

在清政府的時代，東方的危險，固然到了極點，同時失望也到了極點。那樣腐敗的朝廷和政府，哪裡還可以有存立發展的希望。而西方的努力尤其是軍國主義大陸國的俄國，以最強的武力從北方壓迫下來，海上霸王的英國，以最大的經濟力從南方壓迫上來。這個時候的日本，除了努力圖自存而外，更無他道。而自存的方法，斷不能同時抗拒英俄。幸而英俄兩國，在亞洲的地位，立在極端衝突的地位，使我得以利用英俄的衝突，和英國聯盟，居然僥倖把俄國打敗了。俄國這一個敵人，不是東方最大的敵人，而是最急的敵人。打敗了俄國，急是救了，以後的東方，便會變成英國的獨霸。英國的海軍力，絕非日本之所能敵，而英國的經濟力，絕非日本之所能望其項背。我在日俄未戰之先，極力想法造成日英同盟。現在日俄戰爭的結果既已分明，而日英同盟的效用，完全終了。此後日本絕不能聯英，而英國更不用聯日。在太平洋上，英日兩國，完全立於敵對地位。此後日本唯一之生路，東方民族唯一之生路，惟有極力遮斷英俄的聯結，而且盡力聯德，以日德同盟繼日英同盟之後，以對英作戰，繼對俄作戰之後，必須打倒英國的霸權，而後東方乃得安枕，而後日本乃有生命。此生命問題，非獨日本，從韃靼海峽[4]到太平洋，全部東方民族的運命，皆以此計劃的成敗而決。現今世界只有三個問題，土耳其、印度、中國是也。此三國皆在英國武力與經濟力壓迫之下。然而只須解除其武力的壓迫，則經濟力之壓迫，完全不成問題。蓋此三國皆真可以成最富的生產國之要素，此三國皆不能為日本助。中國有可以為日本助之道，而此數十年來，內政既不修明，利權復任意放棄，且持其遠交近攻之策以臨日本。中日之戰，中國如強，則絕不會有日俄之戰。中國若強，則應為中日俄之戰，或中俄之戰，而不致以此犧牲，歸之日本，我可斷言。此兩戰者，日本不過以人民死生拚國家存亡，豈足以言侵略。若中國不強，而甘受歐洲的侵略，且將陷日本於危亡，是可恨耳。

我有鑒於此，故前年有俄都之行。余之赴俄，世間謂余將作日俄同盟。余誠欲修好於俄，然同盟何能成，成又有何用。我所計劃者乃是日德同盟。我因既不能以此事假手於人又不敢往德國，惹人注意，故與德政府約在俄都討論政策，乃剛到俄都，先帝病篤，速以急電催回，事遂一停至今，真是一個絕大恨事。但我一日握政權，終必做成此舉。此為余之最大秘密，亦為日本之最大秘密。倘此事有半點洩漏，日本將立於最不利的境地。在日德同盟未成之時而英國以全力來對付，日本實不能當。我剛才聽見先生所論、所勸告日本之策略，不期正為我志。我在日本國內，從不曾得到一個同志，瞭解我的政策。今日得聞先生之說，真大喜欲狂。中國有一孫先生，今後可以無憂。今後惟望我兩人互相信託以達此目的，造成中日土德奧的同盟，以解印度問題。印度問題一解決，則全世界有色人種皆得蘇生。日本得成此功績，絕不愁此後無移民貿易地，決不作侵略中國的拙策。對大陸得絕對的保障而以全力發展於美澳，才是日本民族生存發展的正路。大陸的發展，是中國的責任。中日兩國聯好，可保東半球的和平，中日土德奧聯好，可保世界的和平，此惟在吾兩人今後的努力如何耳。

現在中國的境遇如此，國力又不堪用，先生的羽翼又未成。剛才所云助袁執政云云，以我所見，袁終非民國忠實的政治家，終為民國之敵，為先生之敵，然今日與之爭殊無益而有損。如先生所言，目前以全力造成中國鐵道幹線，此實最要的企圖。鐵道幹線成，先生便可再起執政權，我必定以全力助先生。現今世界中，足以抗英帝國而倒之者，只有我與先生與德皇三人而已。

這一件事，在政治道德上，中山先生和我始終守著秘密。直到桂太郎死，歐戰發生，日本對德宣戰，先生才對親信的同志談過。我們把桂太郎的話看看，再把歐戰前後的事情想一想，假若桂太郎不死，東方的局面，可說絕對不是今天這樣的。現在日本這一般政治當局，無論是政府的大臣，是政黨的領袖，都是些隨波逐流，沒氣力、沒志氣、沒計劃的普通政客。一天到晚，只把如何取得政權、如何保持政權作成唯一的目的。日本民族的將來，東方的將來，世界的將來，他們絕沒作過打算。政治人才拂底的日本，前途的確是可危極了。至於中國今天在政治上的人們，或是永不讀書，或是讀一句書，喊一句口號。政治是民族生死存亡的大事業，又豈是這樣所能成的，真可歎呵！

1 此紀錄有可能被第四度當選、第三度連任至二〇二一年九月的首相安倍晉三打破。

2 伊藤博文（1841－1909），日本政治家，曾擔任四次日本內閣總理大臣，起草憲法，有明治憲法之父之稱。

3 指第一次世界大戰。

4 即位於庫頁島與俄國間的間宮海峽，以探險家間宮林藏之名命名。

當時他常對我講起許多日本海戰的故事，多是玄玄妙妙，半宗教半哲學的話……我認為他所說的話不是假話，不過他的認識和說明，是否正確，當然又當別論的。

秋山真之

秋山真之：日本海軍中將，以日俄戰爭日本海戰中的戰術聞名，被視為天才參謀。

桂太郎是中山先生的一個政策上的同志，秋山真之[1]這一個人，也要算是中山先生最知己的朋友了。秋山真之死的時候，還是一個海軍中將，是死後才追贈大將的。如果說桂太郎是日本軍人政治家當中的偉人，這秋山真之可以算是日本軍人學問家當中的奇人了。我也把他的事跡談一談罷。

秋山真之在日本海軍界裡，算是唯一的奇傑，而同時是一個唯一的學問家。他的身材，正是普通我們意想中的日本人，非常短小；他的相貌，是很平常的。比如西園寺公望、桂太郎這一類的人，如果在人叢中見著，誰也一望就注意他是非常人，他們面貌身軀，是很多特質的。而這秋山真之，卻不容易在形相上看出他的奇偉來，至多我們只能看出他是一個平常人當中富於修養的人罷了。然而他的奇特，卻是很值得我們注意的。就學問說，他是海軍中唯一的智囊，他的海軍戰術，是海軍中的人認為可望而不可即的。大抵他是一個聰明絕頂的人，而他的智識豐富，知識學問的方面非常之多，他能夠用他的聰明去用它，而他自己的目的，不是在做學者，所以他不曾用科學的方法去整理它，種種學問知識，在他的心靈上，化成了一種直感直覺的作用。所以人人以為不能及的，就是他的直感直覺。許多人說他是天眼通，他心通，這大約就是他那一種由很豐富的學識所化成的潛在意力的作用罷。

在中日黃海戰的時候，他作海軍參謀官，黃海的戰勝，他有不少的功績。日俄的日本海戰，他作艦隊的參謀長，一切作戰，都是他的主任，把波羅的艦隊，打得片甲不回。就是他的作戰，據他自己對我說，「在俄國波羅的艦[2]東來的時候，我只每日潛思默想，極意靜坐。我確實從一種的心靈作用，明明白白地，曉得波羅的艦隊的行動。當時大家都惶恐，畏懼波羅的艦隊的偉大威力，而民間更是恐怖得厲害。我卻是有很堅確的信念，認定自己必定能夠殲滅波羅的艦隊。以後一切作戰，都是這一種很堅確的信仰的力量，而不是用科學的方法。要是靠科學的方法，日本艦隊決非波羅的艦隊的敵手。」當時他常對我講起許多日本海戰的故事，多是玄玄妙妙，半宗教半哲學的話。這個人的性格，和平常日本的軍人不同，他是非常樸素溫厚的君子，絕沒有普通日本軍人那樣矜驕欺詐的習性。我認為他所說的話不是假話，不過他的認識和說明，是否正確，當然又當別論的。

他的努力，是平常人所絕不能及的。他一天睡眠的時間很少，他的刻苦用功，只有「手不釋卷」四個字可以形容，不是看書就是測圖，此外就是靜坐。他是一個很熱烈而誠摯的神教信徒，他確信信仰是一切道德的極致，在一切修為中，有最大威力。他的宗教思想，當然是純日本式的民權神權論，正是素行派哲學思想的餘脈。不過他不是一個理論的信者，而是一個情意的信者，在儀式上，和普通日本信神的人一樣，完全是受佛教的感化。

他是這樣一個人，何以總理和他那樣交好呢？這也完全是在政治的主張上，他是一個很熱烈的南進論者，同時他是一個排英美的論者。他的南進論和排英美論，完全是立足在有色人種的復興上面。他不是講大東洋主義，為是講大亞洲主義，也不是講大日本主義，而是主張人類的平等。他以為「人類都是神的子孫，文化是人類共享的工具，世界不容一種人專橫，文化不容一種人壟斷」。他在政策上，和桂太郎大略相同。他以為日本不可以造成陸軍國，而且不能造成大的陸軍國。日本人的運命在美洲澳洲。但是要達到這個目的，除是土耳其、印度、中國三個大民族都完成了獨立，打倒了英美的霸權，要海上的自由完全實現之後，諸大陸的移往自由才能實現。所以他在這一個論據之下，極力盼望印度的革命成功。他認為印度的革命成功，是東方民族復興的總關鍵。如果印度的革命不成，其他的一切努力，都不能完全有效。他在這一種觀點的下面，和總理成了很好的朋友。他對於總理的革命事業，在物質上、精神上，都有了不少的援助。而他之援助總理的革命事業，是很純潔的，不單是不含有半點策略，並且不帶有半點虛榮，至今日本人很少知道他和總理的交誼如此之深，也足以表明他是做事不求人知的。

張勳復辟[3]的那一年，田中義一還是做參謀次長，而他那時的權勢，可以說是傾動一時的。參謀總長是薩藩出身的上原大將，是絕不問事的傀儡，一切大權，盡在田中的掌握，他的全副精神，都是注意在中國大陸的。那年的四、五月間，他特地到中國來，到徐州見了張勳，又游了長江沿海。到上海的時候，曾和總理見面。在他回國之後，中國的復辟風説，已經遍佈全國，而報紙上也盛傳田中到徐州，是和張勳的復辟有關。這個風説，越傳越緊，在六月初旬的時候，已經是山雨欲來風滿樓了。總理此時便派我到日本去調查復辟運動的內情究竟如何。去的時候，帶了許多封總理的信，這當中最重要必須訪問的人，就是陸軍的田中中將和海軍的秋山中將。

我是六月十六日從上海起身的，到東京大約是二十一罷。向例我到東京總是住日比谷公園附近的「旭館」，那一回剛逢著議會開會期，旭館被國民黨的議員們住滿了，我只好住在築地的「岡本旅館」。築地這個地方，本是東京的最低地帶，我向來不願意住的，這一回算是第一回。

房間定好，稍為休息了一下，我便先去看秋山中將。那時他是海軍軍令部長，海軍軍令部和陸軍參謀本部一樣，是最高的軍令機關。他當時要算是海軍的最高領袖。

然而他的住宅，是非常簡微的，照當時日本的房價，至多不過月租三十元的小房子。我向來是去得慣了的，所以從花園的籬門進去直到了他的書房。他正端坐在圖書堆中閉目習靜，聽見有人進去，把兩眼睜開，一看見是我，他好像大吃一驚的樣子，把身子向後一退，指著我說：

「你幾時來的，你，你的面色很不好。」

我倒被他嚇了一大跳，我答說：「我剛剛才到，我一到旅館，立刻就動身到先生處來的，我這一回因為旭館住滿了，住在岡本。」

他重新把眼睛閉下，把兩隻手合著，默念了一兩分鐘，又重新向著我說：

「還好，不要緊，這不是你有什麼禍事，是因為你住的地方不好，那個地方不久就有天災，你快些搬到最高處去住罷，低地住不得。」

我越被他鬧糊塗了，但是我曉得他一向是如此神裡神氣地，然而又不好反對他，我想了一想，對他說：

「東京最高的地方，要算是六番町的金生館了，搬到那裡好嗎？」

他說很好，趕緊搬去，只有這一個地方可住。我此時才把總理的信取出送給他，我問：

「先生看中國的大局如何？」

他又把眼睛閉上，照例默念了幾分鐘，把眼睛睜開說：

「中國不出十天，有國體的變動，這個變動，發生在北京，可是發生之後，不過三天，便仍舊失敗。」我再問他時，他說：「我的能力，現在只能見到如此，以後的事情，且待這一個局面現出之後再看罷。」我又坐了一回，談了些別後的閒話，便告辭出來。我對於他的話，明知是很有意思，而對於他的態度，總是不能釋然。

回到岡本旅館，用電話向金生館定好了房間，囑咐旅館給我把行李移去，出來便去看田中中將。他住的是一間和洋折衷式相當的華屋。書齋裡面，很精緻地排列著許多書櫥，金光炫目的書籍，插滿一室，當中放著一張洋式書案，和秋山那一個中國古代式的亂七八糟的書房，是大不相同的。我走到他的書房裡之後，田中還沒有出來，我一人坐在書房裡等，看見他壁間掛著一副泥金箋的簇新的對聯，是張勳新送的，上面題著「田中中將雅正」下面題著「弟張勳拜書」，對文我是記不得了，大約不見得會是張勳的親筆。雖然在那樣的時候，看見這副對聯，不能不有種種聯想，然而文字應酬，是中國人的通常習慣，我也不很以為奇怪。等一會田中中將出來了，他看見我注意看張勳的對聯，似乎是很不安的樣子。寒暄既畢，他自歸自急急的儘管講他如何反對中國的復辟運動，如何特意為此去見張勳，叫張勳千萬不要復辟，越說越長，越長越奇，我絕沒有說他和張勳有關，沒有疑他叫張勳復辟，然而他如此大費唇舌地辯明，真是一件妙事。但是我見這兩位中將之後，我對於時局的觀測，已經得了不少的基礎，人也倦了，時候也晚了，我就回到金生館。

我一到金生館的門口，就看見絕不是尋常日子，門前是車如流水馬如龍，一望而知這裡面有活動人物住著。住定了之後，細細問旅館的主人，原來「日本的中國復辟黨」都聚會在此地，肅王派、恭王派、宣統派的領袖都齊了。滿清倒了之後，清室的親貴們，只有藏著過安樂日子，哪有一個人有什麼復辟的勇氣。所謂復辟黨，在中國人中除了張勳、升允之外，恐怕就只有吳稚暉[4]先生之所謂老鼠精一派的古董騙子。所謂復辟運動，只有在日本才有，只有日本的幾個北京浪人、滿洲浪人，才是整天興風作浪。此時正是他們大舉興師的時候，聽說是大倉組[5]拿出二百萬運動費給他們，所以擺得出車如流水馬如龍的架子。

當晚我就寫了一封很詳細的報告，寄給總理，我的調查任務，算是達到了目的。在東京住了三四天，便動身回上海。等我剛離了東京，一兩天內，東京灣便發現很大的海嘯，颶風把海水捲起，築地一帶，變成澤國，街上都用小船搬置人物，秋山中將之所謂天災，大約就指此了。及我回到上海，張勳的復辟，已經發動，報上已經滿載著封王封侯的記事，可是剛剛三天，馬廠兵到，一場皇帝夢，依然如夢幻泡影，這就是秋山中將之所謂「北京有國體變更，不過三天，必然失敗」。但是何以他能夠如此靈驗，說得一點不錯呢？總理說：「秋山中將是日本第一個海軍的學者，他對於氣象的學問，本來有專門的研究，而海軍軍令部，是不斷地接受各國各處天文報告的，何處發生颶風，這風有多大的力量，幾時可到東京灣，他是應該計算得出的。他是政府中最高的當局，他明明白白，曉得種種的消息。他在主義上，對於張勳之所為，是反對的，我們去問他，他既不能不告訴我們，而他的職責上，萬不能隨便講話，所以只好假托神仙，從靜坐默念的當中，顯示他的意見。」

對了，這一場公案，我們得到最正確的解釋了。只是現在想起來，「此地無銀三百兩，隔壁小二不曾偷」兩句話，確實有此意義。只可惜秋山中將這樣一個天才，這次和我相見時，已經得了不治的癌症，不到六個月，便作了古人。陸軍的桂太郎死了，海軍的秋山真之死了，日本海陸軍中，現在恐怕再沒有一個有意識的人才罷。

1 秋山真之（1868－1918），官拜海軍中將，著名戰績為日俄戰爭中的日本海海戰。為日本政府的中國對策智囊團。

2 即俄國的波羅的海艦隊。

3 民國六年（1917）張勳發動政變，擁戴宣統皇帝復位，自任政務總長兼首席議政大臣，僅歷時十二天，史稱張勳復辟。

4 吳稚暉（1865－1953），曾追隨孫文參與反袁世凱政權的二次革命，為中華民國開國元老、中央研究院院士，以精於書法聞名。

5 即大倉財閥。

・秋山真之

沒志氣的人不足以革命，沒能力的人不可以革命。

昨天的田中中將

田中義一：從軍人到政黨政治家，致力扶植中國各地的軍閥，他的政策被認為直接加劇了辛亥革命後的中國紛亂。

我們要曉得，近十五、六年以來，跨國的政局變動，沒有一回不是受外力支配的。在這十五、六年當中，除了我們總理中山先生，他的一切行動，是主動的、獨立的以外，握政權的人的行動，幾乎盡是站在被動的地位，而大多數是被帝國主義的勢力支配著。帝國主義者叫他東他不敢西，叫他西他不敢東。總理死後，許多人們，對於俄國也是一樣，共產黨更不用說了。「操之自我則存，操之於人則亡」，中國人失卻了建國的能力，這是一個最大的證據。所以總理說：「不平等條約不廢除，中國不能夠得到民族的平等，國家的獨立，則永無統一的日子。中國不統一，最大原因，是中國人自己失卻了自信力而甘心受制於外國。同時一個外來的原因，就是掌握著最大的兵力財力的外國人，以不平等條約為工具，以中國人無自信力為機會，而來中國搗亂。」這是的的確確的。我們在前面許多敘述當中，總應該看得出，日本何以能強，何以能統一，何以能吸收歐洲的文化，把他組織起來，變成日本統一的民族文化，這完全由於日本民族的自信力。「信仰」是生存的基礎，「信力」是活動的骨幹。這種地方，是中國人應當切實反省，努力自新的。

自從歐洲戰事發生以後，歐洲列強，沒有一國能在中國作政治的活動，於是中國的政治問題，完全被日本人操縱著。操縱中國政局的中心人物是誰呢？這是我們所不能不知道的。

田中義一大將，是日本長州系軍閥的嫡孫，是山縣有朋的家督相續人[1]，前面我已經說過了。他最有聲有色的活動，是在他的中將次長時代。而他有聲有色的活動，既不是像桂太郎那樣大刀闊斧的創造生活，也不是像秋山真之那樣生龍活虎的精神生活。他只是在日本傳統思想、傳統政策、傳統勢力下面，運用他的聰明和才智，一天到晚幹著。幹的什麼是沒有一定的計劃，一定的方法，一定的把握的。他只是要掌握日本的政權，而如何施政的理想是沒有的。他只是想操縱中國的政治，而中國政治的重心在何處，是永遠不認識的。他只是看見日本的社會傾向變了，革命的風潮起來了，中國的民眾覺醒了，中國的革命勢力擴大了，世界的趨勢緊張起來了，日本在東方的地位動搖了。他對於這些現象和趨向恐怖得很。他怕日本藩閥失了政權，怕日本的神權失了信仰，怕日本的帝國失了生命，怕中國的革命運動阻礙日本傳統政策的推行，同時又怕中國的革命影響及於日本的民眾，怕世界的潮流推倒日本的地位和組織。明天怎麼樣他不明白，明天應該怎麼樣他沒有一點打算。只是戀著過去，恐怖將來，於是敷衍現在；而又不甘於敷衍，於是一天到晚開倒車。開一回失敗一回，而他盡開著。戀著的過去是沒有了，而他的意象中不能拋卻。恐怖的將來片刻不停的迎面而來，他也不能阻止，也不能變換。心勞日拙，愈用智慧而愈是愚闇，愈用氣力而氣力愈是消失。政治家當中有成功的英雄，有失敗的英雄，田中中將的將來，恐怕是失敗的非英雄罷！我說這些話，並不是故意對於這位老先生加以菲薄，現在日本的地位，和他的歷史關係，本來不是容易打得破因襲的勢力支配的。不過想起他過去一切無益而有害的活動，實在不能不為中國、為日本、為東方一切民族歎氣。

我有幾年不到日本，今春奉命使日，在東京見過田中大將一面，他的精神仍舊很好，他的雄心仍舊不衰，不過我總覺得有一個很大的不同，從前的田中中將，一天到晚是我要幹，今天的田中大將是我不能不幹。要幹的田中中將的意識是在推動時局，不能不幹的田中大將是被時局推動。要幹的田中中將的意識是「不怕」，不能不幹的田中大將的意識是「怕」。

中山先生在日本的時候，對於田中，也是很屬望的。中山先生向來對於任何人，總時時刻刻作他的同志。因為中山先生不承認世界上有壞人，也不承認世界上有不能變易的人，他認為一切人類行為的錯誤，只是「不知」，如果知了，他一定能行。當時的田中中將，是很有活氣的。他又在操縱日本政權的地位，那時對於一切國際的問題，可以由田中的方寸來決定。因為那時日本一切外交方針的決定，都是受支配於國防計畫，而內閣政策，也就受支配於參謀本部。雖然內閣總理有權可以決定政策，然而沒有權保障他的地位。參謀本部的法律上地位雖然不能支配政權，然而實際政治作用上可以左右內閣的成敗。在這樣一個重要地位的田中中將，倘若能夠具備秋山軍令部長那樣的思想，中國的革命事業，要容易進行許多。因為日本的地位和力量，足以左右中國的時局，並且可以障礙中國一切事業的進行，阻止一切事業的成功。尤其在每一次戰事發生，日本人必定操縱了中國全國的交通。參謀本部的武官，是布遍了各處重要都會。各方面的領袖人物，都和他的駐在武官發生關係。而那些駐在武官，也樂於和領袖們發生關係的。無論在怎樣困難的地方，他們可以有通信的自由。無論什麼地方的變動，他們總得著最快的情報。在中國地方，政治軍事的情報，最確實而最迅速的，恐怕要算日本的參謀本部了。

中山先生所希望於田中中將的，第一是希望他拋棄日本的傳統政策，第二是希望他改正一切認識錯誤，其他的日本人，沒有比田中的地位關係中國更大的。然而這希望是絕沒有效果，一切動植物都可以變成化石，而化石絕不能再變成動植物。民國五年的排袁運動，日本人是有很大關係的。日本人何以要排袁，這是知道東方歷史的人所能瞭解的。在中日戰爭的時代，袁世凱駐在高麗，運用高麗的王室和政府排日，是袁世凱最初的政治活動。此後袁世凱當了政局，雖然一樣是拜倒在帝國主義列強的權力下面，然而卻不是專一服從日本。日本近二、三十年來，對於中國的事，他要壟斷，對於中國握政權的人，誰能夠一點不疑惑、不反抗，倒在日本權力的懷裡，日本人就幫助他；反對日本的不用說了，就是主張親日的人如果不能夠倒到他懷裡去，也是不受日本的戀愛的。袁世凱不單是不能倒在日本的懷裡，而且時時要用遠交近攻的政策，這是日本人排袁的第一原因。其次是機會。當時日本人也看見中國排袁的風潮絕不能夠鎮壓，袁世凱的倒坍，已成了必然的運命。順著這一個時勢，扶植起倒袁的人來，也是他們操縱中國政權的機會。參謀本部聰明的田中中將，他是不肯放過這一個機會的，這是第二個原因。

所以在他化石的腦筋裡面，始終是不願意中國革命成功，不願意真正的革命黨在中國占勢力的。說起這件事，也有一個歷史，辛亥革命的時候，西園寺公望作內閣總理，此人也是日本近代政治家當中一個最有能力的人。他是京都的舊公卿，維新時候，作為倒幕運動的公卿當中的最年輕者，性格的確是貴公子當中的模範人物，聰明而老成，風流而沉著，忍耐而有決斷。他的思想，含得有不少的法國派的自由氣習，對於現在政治和社會，很能瞭解，同時他自己是老公卿，維新時代和武士們共事又最多而且久，所以訓練成一個圓熟而有才華的政治家。一切元老當中，他的頭腦，化石的部分最少。當武漢革命軍起，日本的宮中府中，不用說是起了極大的震動。那時有兩派的主張，一種主張要出兵幫助清廷鎮壓革命，一種人主張守中立，不干涉中國的時局。長閥元老的山縣元帥，做樞密院議長，在御前會議的時候，山縣便主張出兵，樞密院中的老人輩，不用說附和山縣的很多。西園寺很平淡地說，「革命不是一件好事，一國最好是不起革命，但是一旦起了，他必定要成功，不到成功則政治永不安定，這是歷史的原則。所以幫助他國鎮壓革命，是一件不應該而不可能的事情。」這一個議論，成了當時日本廟議的決定。本來，日本軍閥們所以反對中國的革命運動，第一個要點，就是對於革命的恐怖，怕中國的革命影響及於日本。究竟這一個恐怖，是不是應該的呢？我認為是應該的。因為革命運動一方面是事實，一方面是思想，這兩件東西，都有同類此附、同聲相應、同氣相求的可能。日本雖然是經過了一次的民權革命，推翻了幕府，統一了全國，開設了議會，發佈了憲法，然而經過了數十年之後，前時代的維新，已經生了一種惰力，而新組織起來的社會，起了一種新的要求，同時也生了一種新的缺陷，民眾勢力和藩閥的勢力，早已成了對立的現象，「打倒軍閥」的運動，當時已經漸漸普遍於民間了。如果中國的革命成績良好，直接間接，對日本的軍閥，足以成為一個打擊，第三次桂內閣之所以倒，當時民眾運動之所以勃興，的確是中國革命的影響。有這樣的關係，這樣的歷史，自然山縣有朋的子孫輩，一定和山縣有朋的思想，是一個脈絡，一個形態。

所以在中國倒袁運動起來的時候，田中中將的行動是很值得我們注意的。他第一件大事，就是在南方扶植岑春煊[2]、唐繼堯[3]而壓制中山先生所領導的中華革命黨。那時他的説法，是説南方的勢力要團結，要聯合，不可分散。他們分析中國的勢力，絕不用革命、反革命做分析，而用南方、北方做口號。確實當時有許多國民黨人，甚至許多同盟會的舊人，也忘記了「革命」，而注意在南北，日本人的説頭，更是有根據了。當時參謀本部派青木宣純[4]中將到中國來。在青木下面作實際工作的，就是今天參謀本部第二部長的松井石根[5]。南方各軍的交通，和勢力的集散，政府的組織，可以説都出自青木公館。岑春煊之回國，回國後之活動，軍務之組織，政學系、研究系之聯合，此中關鍵，都在東京參謀本部。不止此也，田中中將此時的注意是很普遍的。他在中國的中部，又扶助張勳，以為後日督軍團運動和復辟運動的伏線。在中國北部又扶助段祺瑞[6]以為後日握掌北京政權，及壓制黎元洪[7]打倒張勳，對歐參戰，中日協約種種問題的伏線。還不夠，又努力扶植張作霖[8]在奉天的勢力，以為此後幾次奉直大戰和此次奉軍南下的伏線。而做來做去，他總有一個主點，就是不要中國統一，尤其不要中國統一於革命，不要統一於革命領袖的中山先生。此後數年之間，中國一切糾紛擾亂，沒有不和此刻田中中將的方針，有直接間接的關係。當然六、七年以來的民眾運動，自五四運動以至於今日，雖然中國民眾不知有田中，田中不欲中國有民眾，然而無有不和田中的思想行為有密切關係。因為有許多事件，都是田中中將的政策的結果。至若日本的資本家、商人，一切對中國、在中國的言行，更不用說和田中中將的言行，關係非常密切。日本現代資本家的來路，在前面幾節的記事當中，已經略略畫出一點影子。自倒幕的時期以至於歐戰發生為止，日本的資本家，僅可以說是御用商人而不是獨立的事業，一舉一動，當然以政府尤其是和陸海軍當局的意志為目標的。

在前面敘述裡面，我們應該瞭解最近若干年中日本軍閥和中國政治社會一切變動的直接間接的關係。我們看得出一個民族的生命，最要緊是他的統一性和獨立性，而這統一性和獨立性的生成，最要緊是在於他的自信力。一代的政治運動也是如此。如果一個團體，一個團體的運動，乃至一個政治家的活動，失卻了統一性和獨立性，失卻了自信的能力，結果一定是失敗。不單是失敗而已，因為這一種沒有統一性獨立性的運動，在社會各種階級各種組織上面，只有生出無目的破壞而一敗不已，失卻「自動力」的社會，任何道德，任何制度，都不能建設。日本民族之所以強與中國民族之所以弱，完全以此為分際。總理這四十年的努力，要點在何處呢？就是要喚起中國民族的自信心，造成中國民族的統一性和獨立性。革命是創造的、是建設的、是獨立的、是統一的；三民主義是自信心的保障，是獨立性和統一性的保障。中國人不能徹底接受三民主義，就是因為「不自信」的緣故。

任何帝國主義在中國能夠操縱，都是利用中國人的這種弱點。不單是帝國主義者，一切外面的勢力，能夠侵入中國，來壓迫中國的民眾，搗亂中國的政局，或是拆散中國的社會，其根本的原因，都是在內而不在外的。袁世凱以下，若馮、若段、若張、若岑、乃至今天已失敗的吳佩孚[9]，在失敗中的孫傳芳[10]，一切等等，他們的特質在哪裡，就是原是一個中國人而沒有中國人的自信，只能作依草附木的生涯，只能倒向外國人的懷裡去。共產黨的最大缺陷，亦復如是。我們看中國青年這幾年來，的確是覺悟了，動起來了。由中國的文學革命一個口號所提起來的青年自覺，的確有很強的自信力含蓄在青年們的思想裡。但是一個朦朧的黎明運動，一旦由中國民族獨立運動的意識，變成第三國際支配的意識的時候，他的自信力便完全消失，而獨立性和統一性便完全失卻。由思想上的缺陷，生出實際的缺陷。這些走錯路的青年，以為中國的革命可以在俄國支配之下來成功，正和政學系[11]研究繫在民國四、五年倒袁運動時候，倒向日本人的懷裡去沒有兩樣。

我們看看日本的維新。在思想上，中國人普遍總曉得日本人是受西洋很大的感化。法國的自由民權說，鼓勵日本的維新；而德國的軍國主義的思想和制度，成就日本的維新；但是始終日本的重心是日本，日本的基礎，是建設在日本。巴黎並沒有能夠指揮日本，柏林也並沒有能夠指揮日本。如果有了這一天，就是日本的亡國，並且會是亡種。我們再看俄國的革命怎麼樣。德國的思想在任何方面，都供給俄國以很重大而緊要的資料。並且俄國一九一九年革命的發動，還是起自柏林。然而一旦成為俄國革命的時候，俄國的一切，都是支配自己。俄國的革命黨，立刻建設起一個革命中心的莫斯科，他們不單要支配俄國，還要支配世界。柏林是不能支配俄國的。「堡」的地名，都變成了「格拉德」，欒用外國語的陋習也改變為歌頌俄國語了。以共產主義、世界主義相號召的俄國革命是如此成就的。土耳其的革命，更是明顯了。他們唯一的目的，就是打破外國的支配。從倒袁運動起，直到今天，除了總理孫中山先生和真是他領導下的國民革命勢力而外，在中國一切政治的勢力，都是受東京的支配，聽東京的指揮的。這一個現象，一變而入共產黨操縱的時代，一部分政治軍事勢力，又甘心受莫斯科指揮。並且從人的系統看，從前許多願受東京指揮的人，也很容易變為受莫斯科指揮。這一種亡國的精神狀態，真是可傷呵！

即以用客卿一件事論，我們看得很明白。在交通發展的時代，凡是建設新國，絕沒有不取材異國所能成功的。但是有一個絕對條件，就是自己去用它。日本維新建設的內容，並不是靠日本人的智識能力去充實起來，而是靠客卿充實起來的。軍隊是德國人替他練的，軍制是德國人替他定的。一切法律制度，在最初一個時代，差不多是法國的波阿索那德顧問替他一手造起的。然而指揮、統制、選擇、運用，都是在日本人自己。當初總理是最主張用客卿的。自南京政府時代，直至最後，沒有一次總理執權的時候不用客卿，然而終是總理用客卿而不能看見有被客卿所用的事。卻是北京政府就不然了，我們看北京政府下面的客卿有兩種，一種是由條約上的關係來的，這不是客卿，而是外國派來的統監，一種是自己自由聘定的，這就只有請他們坐在那裡：永遠是顧而不問。前者證明北京政府的懦弱，後者是證明北京政府的腐敗。我可以斷言，今後我們要革命，必須要用客卿，不單要用而且要用很多。然而如果不是用客卿而被客卿所用，就是自殺，更深一層說，如果不能造成一個有任用客卿能力的政府，沒有具備這一種能力的領袖，我們的建設，是絕對不能起的。現在我們很看得見，國民黨同志當中，有兩種大毛病，一種是拜倒在客卿門下，一種是絕對不敢用客卿。前者是沒志氣，後者是沒能力。沒志氣的人不足以革命，沒能力的人不可以革命，這是很的確的論斷。

我們追想民國五、六年在東京的田中中將，和在中國的青木中將，又想起這幾年的莫斯科政府和在中國的鮑羅庭[12]，真是不勝感慨係之。

1 家督相續：明治時期的戶政用語，指戶長繼承者。田中義一是繼山縣有朋之後的陸軍長州閥巨頭、陸軍統制派領袖，故有此文。

2 岑春煊（1861－1933），護國軍政府都司令。

3 唐繼堯（1883－1927），滇軍領導者，曾宣布雲南獨立，發動反袁的護國戰爭。

4 青木宣純（1859－1924），日本在中國的特工人員的培訓者、指揮者。

5 松井石根（1878－1948），陸軍大將，被視為南京大屠殺的主要負責人，戰後被遠東國際軍事法庭判定為乙級戰犯，處以絞刑。

6 段祺瑞（1865－1936），民國時期皖系軍閥，曾擔任國務總理。

7 黎元洪（1864－1928），清末海軍，亦曾擔任中華民國北洋政府大總統。

8 張作霖（1875－1928），民國時期奉系軍閥，北洋政府最後的掌權者。

9 吳佩孚（1874－1939），民國時期直系軍閥。

10 孫傳芳（1885－1935），民國時期直系軍閥。

11 政學系，中國國民黨在中華民國大陸時期的內部派系。

12 鮑羅庭（1884－1951），一九三〇年代蘇聯駐中國廣州政府代表。

田中為什麼進政黨的呢？他走進政黨之後如何作法呢？聞得人說，他們有一般軍國主義者所組織的一個修養團體叫作「凡人會」。所以叫作凡人會的心理作用，我想是從不凡者自居，視世人皆凡人，故自己反號為凡人。

今天的田中大將

田中義一早晚要組閣，這是我們在十年前就看見的。田中內閣的出現，就是長州藩閥的最後握權，這也是我們在十年前所看見的。而且在今天這一個時代，田中內閣出現，不單在日本政治上是個必然的結果，並且也是全世界的反動傾向當中的必然事實。現在全世界的情況，在一方面是革命潮流的猛烈進行，同時在一方面就是反動政治的增長。英國勞動黨內閣倒了便生出保守黨內閣，德國在共產黨壓下去之後興登堡[1]便做了總統，美國的政權又落在共和黨手裡，此外義大利是法西斯黨的木梭裡尼[2]當權，西班牙是德維拉將軍執政，「獨裁政治是文明進步國家的當中最經濟最有力的一個需要」，這一個聲浪，傳遍了歐洲。從前議會政治論者所視為蛇蠍的迪克推多[3]，在今天的政論家當做尋常茶飯。在這樣一個世界裡，日本當然也要應一應景的。

並且我們看日本前內閣的確也是不能維持，不單前內閣不能維持，和前內閣取同樣的平和政策、調和政策的內閣，都不容易維持的。這個理論和事實，講起來話便很長。我可以簡單說，在國際狀態和國內產業狀態緊張到了極度的今天，一方面中國的局面大搖大動，沒有一點平靜。一方面日本現存政黨的基礎，根本動搖。從明年五月的大選舉，日本的選舉權，便要從三百萬擴張到一千二百萬。英國對中國，取壓伏革命的手段，大舉出兵。俄國既掌握蒙古的政權，還要想壟斷中國的革命。在這樣一個情形之下，以和平而獨立的外交政策為存在綱領的前內閣，無論是對內對外，都不能得人的滿意，這是必然的趨向。田中義一出來之後，他要怎樣幹呢？我們沒有確實的材料，不能隨意懸揣。但是我們很看見，田中是要幹的，不單他自己要幹，四圍的情形也要求他幹，他的幹法，從前已經有了成績，有了榜樣。他身邊的人，依舊是從前那一套。他雖然不在參謀本部，而參謀本部依舊是在他的統率之下。不過是掛上一個政黨領袖頭銜，加了些搖旗吶喊的政客，而且從前一些北京關係的老人，板西[4]、西原[5]，也都集到他的幕下，這樣一個情形，他總要唱一齣戲罷！

日本有一些人——於藩閥、財閥有關係的人，在前年去年，對於中國抱著一個假想，他們認定：

「中國的政治如何變化，和日本有極密切的關係，中國的政治，如果不能受日本的支配，是非常危險的。但是從前所取操縱北京政府的政策，事實上失敗了。何以會失敗，便是中國事實上不能統一，以事實不能統一的國家，單想操縱一個京都的政治來支配全國，這是絕對辦不到的。而且因此生出中國人民的反感，實際上反而受打擊。從前的

《二十一條》[6]的中日協約，就是一個失敗的例證。即使沒有二十一條，日本在中國的地位，也不能小過今天，少過今天。而因為有了二十一條的名義，倒反而妨礙了實際利權的獲得。以後對於中國，爽性不取操縱中央的辦法，而另開門徑。但是有一個要點，就是如果革命運動成功，中國由革命而得統一，則必於日本不利。所以必須使中國革命勢力，不得統一。現在中國的各個勢力當中，張作霖的勢力，是日本勢力在中國的一個基礎。但是中國絕不會統一於張作霖，此外藉英美勢力而想作武力統一的吳佩孚，也必然失敗。在中國的勢力，目前最確實的，就是一廣東的國民政府、長江的孫傳芳、東北的張作霖、西北的馮玉祥。國民政府的勢力向北，馮玉祥的勢力向南，如果這兩個勢力把長江孫傳芳、吳佩孚的勢力打倒而得聯絡，則統一的國民政府成立，張作霖的勢力，始終是不能維持的。為應付這一個局面，日本應該要扶植孫傳芳，有統一長江的勢力，把孫傳芳造成日本的第二個張作霖，以阻隔南北兩個革命的地理上的連接。」

抱這一種見解的人，很是不少。而尤其是在長江有投資企業貿易關係的商人，主張更切。及至國民革命軍北伐，武漢克復，國民政府將要北遷的時候，這一種論調，更加高起來了。同時我們還曉得中國國內，也有些沒志氣的人，頗想勾結日本，作一種運動。他們一是怕共產黨，二是想要得一個依附，於是往來於孫傳芳與日本人之間者，也就實繁有徒。及至革命軍向長江下游發展的時候，日本政府裡面就和此種論調相應，生出一種出兵論來，主張出兵論的，不用說是陸軍一派了。

從前日本參謀部在中國各地駐在的武官，是非常活動的。在民國五年以後，在南京各地的武官，更加活動。而外務省所轄的領事官，除了管理僑民之外，對於本地方的政治上，沒有什麼關係，他們也不大和軍政界幹部的人們來往，所以取得情報的能力，陸海軍人較之領事官為大。自從國民黨改組而後，國民黨的中央，對於日本取一個不理睬的態度。而各地的民眾，是絕對排日。兩三年當中，在南方各地的駐在武官，和當地的軍政領袖，幾乎失了關係。此時黨的組織，漸加嚴密，從前兩院的政客們，除了真是做革命黨的而外，也不能東奔西跑，日本人取得情報而操縱的線索，因此更少了一個大部分。因此參謀本部對於中國問題，足以時時處處，勝過外務省的能力少起來了。這是前內閣的對華方針居然可以自己決定，而外務省居然可以不受參謀本部指揮的一個大原因。

本來，日本人的對華觀念和日本政府的對華方針，可以說無論什麼人，大體都差不多。維持在滿洲的特權，和在直魯及三特區福建等的特殊地位，維持日本在中國的最優發言權支配權，尤其是經濟的支配權。這幾種根本政策，現在在政治上的人物，誰也沒有兩樣。當然外務省系的人和參謀本部系的人，絕沒有根本上的不同。然而因為對於世界關係的認識兩樣，所取的手段和所持的態度，就有很大的不同。尤其近年來我們覺察到日本對華的態度，有一個轉換。從前屬於外交系的人，在國際關係上，幾乎沒有一個不是崇拜英國，事事聽英國的話。關於中國的方針，儘管遇事主張日本的特殊利益、特殊權力，而遇事都仰英國的鼻息，尤其是加籐高明[7]統率外部和總理內閣的時代，這一個趨向，是很真切而極端。本來加籐是替桂公爵辦事的一個人，然而他只懂得桂太郎親英，不懂得桂太郎排英。桂太郎死後，他領袖憲政黨十年，這十年的當中，他把桂太郎早認為已經任務終了的日英同盟，仍舊奉為天經地義。直到歐戰既終，日本以歐戰當中積極、消極對於英國那樣的幫忙，到底不能得到英國的感謝。滿期的英日同盟，日本政府和民間，還想要勉強運動保持，然而被英國半文不值的丟了。自此以後，外交系的人，對於英國，才漸漸不像從前那樣恭順。

在一方面，這幾年來，中國極度的排日熱，一轉而為排英熱，同時不能有兩物生存於同一個空間，積極排英，當然便把日本問題冷淡了下去。外交系的人，他們很留意中國人心的趨向，看到這一個情形，很瞭解這是挽回中國民間排日風潮的機會，絕不願意再跟英國走，不惟得不到利益，反替英國人負責。在陸海軍系的人，尤其是陸軍系的人，他們對於中國一切的方針，向來是抱定一個進取的國防計劃，所謂「蠍形的政策」，一切方法都從這裡面打算出來。他們向來不問國際情形如何，便一意孤行，也要遂行他的策略，所以倒不像外交系的人那樣奉英國若神明。而在近兩三年來陸軍參謀部內的日英協調論非常濃厚起來了。他們認為中國的革命運動發展，是絕不利於日本，而在南方中國，日本又沒有獨行其意的勢力基礎。為壓伏中國革命運動計，他們便想取一個「北日南英中協調」的政策，就是對於南部中國，英國獨立處理之。北部中國，日本獨立處理之。而對於中部，則日英兩國以協調的精神取協調的形式。

在今年英國出兵上海的時候，陸軍方面極力主張出兵，前內閣則不願意如此。及南京問題發生，出兵論更盛，而外務省方面，還是取鄭重態度。後來內閣一交替，山東出兵的事便實現了。山東出兵的意義，在日本人方面，他們說是僅為保護日本僑民。而其實際是因為革命軍佔領了江蘇，更向北進展，他們所最愛的孫傳芳的勢力，差不多已經消滅乾淨，張宗昌又是絕無戰鬥能力而且天怒人怨的東西。倘若革命軍一氣呵成地北攻，山東的底定，是很不難的。於是以維持「蠍形政策」為目的的參陸兩部的人，便不能不以對付郭松齡[8]的精神而出兵了。出的兵雖然很有限，但是意思是很深長的。戰鬥力消失乾淨殘餘北渡而逃的孫傳芳當時敗卒不及兩萬，而不到幾個月工夫，又有了七萬以上的軍隊，這一次再渡江的隊伍，已經有四萬左右，豈不是很奇怪嗎？當南京政變發生，孫軍重新反攻的時候，日本忽然宣告退兵了，不用說這是他們認為革命軍再不能北攻濟南的證據。

所謂「蠍形政策」是一個什麼東西，我也得講一講。大家都曉得蠍子的厲害，全在兩個螯和一個尾。日本既定了要侵入大陸的計劃，他們軍事的眼光，一面注意在南方的海陸，一面注意在北方的諸省。他們認定確實掌握渤海灣，是非常要緊的。對於渤海灣，一個遼東半島，一個山東半島，是要緊的形勝。中日戰爭之後，日本在南方已經佔據了蠍尾的台灣，以為根據，可以控制南部中國和海洋一帶。還想要佔領遼東半島，而被三國干涉逼到不得不退步。其後德國卻拿了膠州，俄國租了旅大，這一個大蠍的兩螯，被俄德兩個歐洲大陸的強國佔了。日俄戰爭之後，奪了遼東，歐戰之後，又奪了青島，在形式上，似乎像完成了畸形政策了。然而以後把持得住把持不住，如何把持，這些都是今天日本軍人所最苦心的。

田中大將的政治興味是很濃的。他很有軍人策士的稱譽。他也和桂太郎一樣，看見今後要在政治上的活動，非有政治上的與黨不可。恰巧逢著政友會失卻統率的時候，便因緣際遇而被熱中政權的政客們推為總裁。但是一部分較有民主氣習的人，絕不願如此。而政友會的勢力便因此永無結合之期。以二十餘年來維持第一黨地位的政友會，由此便化為第二黨與第三黨。政友本黨的領袖床次竹二郎[9]說：「田中的人物如何？政策如何？姑置不問，其歷史和環境，絕不能作憲法下面的政治家，我寧可永遠作少數黨作在野黨，而不能與之聯合。」這個話的確是一大部分政友會議員的心理。

田中為什麼進政黨的呢？他走進政黨之後如何作法呢？聞得人說，他們有一般軍國主義者所組織的一個修養團體叫作「凡人會」。所以叫作凡人會的心理作用，我想是從不凡者自居，視世人皆凡人，故自己反號為凡人。這一個團體的人數不多，他們是以講大乘佛教為團結的意義。但是就會員的思想分野看，多半是神權信者，和佛教的教義相離很遠。我在前面說過，日本的佛教思想，固然不是印度的佛教，也不是中國的佛教。受過王權時代的公家制度和封建時代武家制度兩重感化和神權的民族思想陶融的日本佛教，完全變了樣子。明治以來雖然經了神佛分離一個很大的制度變革，然而民間的思想，依然是神佛混合。這凡人會中的人們，大約可以說是以佛教為用，以神權為體的民族神權主義者罷。在這個團體中的人，多半是長藩關係的軍國主義者而尤其是北進論者。田中也是當中的一個人。他們也講究一些禪宗的機鋒。有一天一個朋友勸田中大將說：「你何不把劍放下來去拿珠子！」田中受了這一個機鋒的刺激，於是決心跳入政黨生活了。田中說：「我做軍人以來，經過兩次大戰，這兩大戰，我都不曾死，政友會這一個黨，是不利於領袖的不祥黨，從前星亨[10]是被人刺殺了，現在原總裁[11]又被人刺殺了，我以戰陣餘生，不能死於疆場，所以特意尋著做這一個不利於領袖的黨來做領袖。」這樣看來，田中之跳入政黨生活，的確和平常的政客們有一個大大的不同。他不僅是熱中政權，不僅是希望成功，他很像是看破了紅塵，超脫了生死，以這一種「似能立」、「似能破」的主張，「似現量」、「似比量[12]」的觀念，當這危機四伏、一觸即發的東方軍國的政權，乘著全世界革命和反動兩個大潮流翻來覆去。他的前途怎樣？東方的前途怎樣？世界的前途怎樣？

我們看紐約、華盛頓，是西半球的兩個中心，倫敦、巴黎、柏林、羅馬，是歐洲政治的四個中心。莫斯科和東京，是亞洲政治的兩個中心。安卡拉是正在努力想造成一個亞洲中心來的，前途如何，不止在土耳其而尤其是在全世界的回教諸民族。中國不單造不出一個世界中心，而且造不起一個全國的中心。全世界正在預備極大的戰鬥，這一個大的戰鬥，主要的問題，就是被壓迫的十二萬五千萬民族能夠站起來、自己造成政治支配中心的不能夠。四萬萬五千萬人的中國，就是這中心問題的中心。然而只成了問題的中心，而不能造成一個力的中心，於是四圍的「中心力」，都向著中國來吸引。失卻自己支配的中國民族，一逢著他力，便被吸引，逢著強大的他力，便很快很大的被吸引。而來吸引中國的中心力，當然是互相衝突，吸引力愈大的，當然衝突愈大。英國這一個勢力，是壓迫中國最大的勢力，同時也是吸引中國最大的勢力。在太平天國戰後，中國人的精神被英國的勢力完全吸引住，使中國人連壓迫的感受都失卻了。長江和南方一帶，崇拜英國、迷信英國，成了一種風氣。只是北方還不能被吸引乾淨，野蠻的抵力一變而為義和團，及義和團失敗，這一個抵抗性也消失乾淨了。直到民國十四年為止，全中國的人心可以說是被英國吸引住，一動也不能動彈的了。這幾年工夫，國民革命的運動，在三民主義的領導之下，在總理二十年抗英的努力之下，大刀闊斧大聲疾呼的進行起來，於是全國人心，方才猛然驚醒，此時可以說任何人沒有不排英的了。所以此刻英國的壓迫，已經失了吸引的作用。然而除英國之外，還有兩個很大的壓迫，正在發揮他的吸引力，不用說一個是莫斯科，一個是東京了。

從中日戰事以後，尤其是日俄戰爭以後到民國初年，東京的吸引力真是大極了。全中國的青年，羨慕日本維新的成就，於是都想學日本，都到東京去。等到成了一個風氣，由日本歸來的人，都可以得差事賺錢，於是不羨慕日本維新，而羨慕到東京能夠賺錢、賺地位法術的人們，也都大舉趨向東京去。最盛的時候，在東京一處，同時有三萬餘人，速成法政、速成警察、速成師範、速成陸軍，樣樣都速成，好一個終南捷徑，只要一到東京，便能很快的學得賺錢、賺地位的法術。在歐戰之後，空氣大變了，被歐洲五年的大戰漸漸喚醒了的中國青年，曉得要努力打破現狀，打破環境。魏鏗的新理想主義，尼采的超人主義，詹姆斯[13]的實驗主義，柏格孫[14]的《創造進化論》，枯羅巴金[15]的《互助論》，柏倫哈匠的戰鬥生活論，五光十色，四面飛來，然而解決不了中國的任何問題。忽然俄國勞農革命起來了，成功了，雄大的戰鬥力、精密的組織力、廣大的宣傳力、富裕的金錢力，使中國的青年把那些解決不了自己切身問題的什麼主義，一齊擱下，先走向馬克思主義再走向列寧主義。《尼布楚條約》的歷史忘記乾淨了，輕視俄國野蠻專制的心理一變而為崇拜革命成功的心理，反抗壓迫的心理一變而為接受援助的心理。去呵去呵！去向莫斯科呵！這些人去了，回來了，國內左傾的趨向，足以使這一些速成的革命者得著很好的地位，很好的名譽，很多的金錢。於是不羨慕革命而羨慕地位名譽金錢的人們，也爭先恐後地走向莫斯科去，速成的革命政治家、速成的革命理論家、速成的革命軍人，充滿城市鄉村，一到莫斯科便可以學得賺地位、賺名譽、賺金錢的法術。這一個流行病，正和十五年前向東京的心理，遙遙相對。失卻民族的自信力的中國青年，真是可歎可傷呵！現在雖然經過一個很大的懲創，然而迷信的根，恐怕還未去淨罷！

在這樣的一個情形下面，我們很看得見，俄國和日本這兩個壓迫中國民族的勢力，都變成一種吸引的勢力。受這吸引力吸收了的人，差不多好像是中了魔一樣的狂。不過被日本吸引的人，病根是不深的，因為中國人對於日本，總抱著一個「我們是文化的先進國」的歷史心理。而對於俄國，便不然了。現在這兩個大的壓迫力，各自都在吸引的上面顯神通，而一種「壓迫的吸引」，都是預備東方將來的世界大戰。「人為刀俎，我為魚肉」，「操之自我則存，操之於人則亡」，國民到底對於自己將來的生命，對於世界將要暴裂的戰爭，作何種打算呵！

近三十年來，東京是很顯明地取得了東方政治中心的地位。雖然他們的力量，依然屈服在全歐洲的勢力之下，而尤其是在倫敦的政治力吸引之下，加籐當國的幾年當中，這個趨向尤其是很明顯。然而他自己統一的力量已經很確實，對於中國，已經由壓迫而生出了吸引的作用。十幾年來，中國任何政治變遷，沒有不從東京的打算上影響出來。最近七十年的東方史，前半是日本對俄國臥薪嘗膽的爭存史，後半是日俄兩國在中國的爭霸史。而世界戰爭之後，又進了兩國的新爭霸時代，沒有出息的中國人的心理，不向東京便向莫斯科，這是一個召亂召亡的心理。在這樣一個情形之下，東京的政權，落在軍國主義者的田中大將手裡，一就總理的職，立刻便跟著英國對上海的政策而對山東出兵，而召集在中國的外交陸軍人員會議，而對滿蒙決定積極政策，陸軍大將內閣總理兼外務大臣的田中義一，恐怕是要變成第二個塞爾維亞的中學生罷！

1 興登堡（1847－1934），一戰德國陸軍元帥，一九二五至一九三四年擔任德國聯邦大總統。

2 即墨索里尼。

3 dictator的音譯，指獨裁、獨裁者。

4 指板西一良，日軍中將，曾參與長沙會戰等。

5 指西原龜三，北洋軍閥政府的軍事顧問。曾中介日本借款段祺瑞，助日本獲得中國東北地區鐵路、礦產等權益。

6 一九一五年，日本借一戰時期西方無暇顧及中國，向袁世凱提出了出讓中國築路權、通商權等主權相關的二十一條條款。

7 加籐高明（1860－1926），日本政治家，第二十四任日本首相。

8 郭松齡（1883－1925），張學良部下，反奉失敗後被殺。

9 床次竹二郎（1867－1935），日本親中派政治家。

10 星亨（1850－1901），日本政治家，遭伊庭想太郎刺殺。

11 原敬（1856－1921），日本政治家，時任立憲政友會總裁。

12 現量、比量、非量，為唯識學中研究心理活動的度量判斷。

13 即威廉·詹姆斯（William James，1842－1910），美國哲學家、心理學家。文中「實驗主義」即「實用主義」。

14 即柏格森（Henri Bergson，1859－1941），法國思想家。

15 克魯泡特金（1842－1921），俄國革命家，無政府共產主義創始人。

一切情感的意識，活動的意識，如果不經過理智的陶融，則感情不能「醇化」。不能醇化的情感，就不是文明的作用，而只是動物性的本能作用。

信仰的真實性

在前面幾節裡，順著一個敘述的系統，把政治方面說得太多了，而日本的社會情況，完全沒有提及。現在我想回頭來就日本的社會心理，加以觀察。

前幾年上海民權出版部印行一部平江不肖生著的《留東外史》，描寫中國留學生和亡命客在東京的生活，自然他的敘述裡面，有一部分是日本的社會，這種日本社會的觀察，在中國恐怕是很普通的罷。我可以說，中國人對於日本的社會，觀察錯誤和判斷錯誤，很普遍的。平江不肖生所描寫的一部分社會，固然是社會的黑暗面，然而連黑暗面觀察，也是很敷淺而且錯誤的。不過他的目的，不在觀察日本的社會，而在觀察「中國人的日本社會」，我們也可以不必多事批評，只是曉得中國人對於日本的社會不留心研究便了。

在最初幾節裡面敘述了一點神權的迷信和佛教的問題，大家看了那幾張書，總可以感覺到日本的國民，是一個信仰最熱烈而真切的國民了。一個人的生活，不能是單靠理智的，單靠理智的生活，人生便會變成解剖室裡的死屍，失卻生存的意義。而尤其是一個國民、一個民族的生活，絕不能單靠理智的。民族的結合，是靠一種意識的力量。這一種意識的力量，當然是由種種客觀的事實而來。但是種種客觀事實的觀察和判斷，不變成一種主觀的意識時，絕不發生動力。「觀我生」、「觀其生」的觀，如果不到得自強不息的精神上來，什麼「省方」、「觀民」、「設教」[2]都不能生即生，也不能久。理智僅僅是觀而不是行，理智的世界是靜的而不是動的。不過一切情感的意識，活動的意識，如果不經過理智的陶融，則感情不能「醇化」。不能醇化的情感，就不是文明的作用，而只是動物性的本能作用。然而缺乏了情感的人，永不能創造理智。缺乏了情感的社會，也不能作生活的團結。一個人一個社會的創造進化，都是靠著這醇化的情感來推動來組織來調和，程度和方面有不同，而其作用只是一樣。

信仰的生活，是個人和社會的進步團結最大的機能。總理說主義是「信仰」，就是很明顯地說明冷靜的理智不化為熱烈的情感時，絕不生力量。我們在無論什麼地方，都看得出日本人的民族意識是很鮮明的。他們那一種「日本迷」，正是他的鮮明的民族意識增高到了極度的時候變成的無意識作用。白熱度的熱體，觸到我們的指頭，我們一剎那間的感覺，會和冰一樣的冷，一粒子彈剛剛洞穿人的身體時，不感覺疼痛，都是這一個道理。所以我們看到日本人信仰生活的熱烈和真切，便曉得他這一個民族，真是生氣勃勃正在不斷地向上發展的。

人生是不是可以打算的？如果人生是不可以打算的，我們何必要科學。如果人生是可以專靠打算的，人們的打算，自古來沒有完全通了的時候。空間是無量的，時間是無盡的；任何考古學者，不能知道未成星球以前的歷史；任何哲學者，不能知道人類絕滅的時期；任何天文學者，不能超過現代的機械能力，測算無盡無量的宇宙。人是要生存的，打仗是殺人的事，在戰鬥的進行上，人人都曉得強制的命令是必要的。有一個軍官說：「沒有統一的命令，誰肯去打死仗。」我要問他，「如果大家都不服從統一的命令，效力在那裡？」如果失卻了信仰，發命令的指揮官，也可以私自脫逃，受命令的士兵，更可以全場嘩變。讀《揚州十日記》[3]的人，該曉得那時候五百個滿洲兵，斷沒有屠殺揚州的能力。讀《桃花扇》[4]的人，看到四鎮兵哄的時候，該曉得失了信仰的命令，不過是等於爛紙堆裡的臭八股。完全不要打算是可以通的嗎？迷信槍打不盡、炮打不傷的義和團，倒底敵不過鋼彈。所以打算只是生的方法，不打算是生的意義。「迷」是沒有理智的意識，「信」是醇化的感情的真力。我們如果知道人生是「力」的作用時，便曉得信仰是生活當中最不可少的條件。「自強不息」是自信力的工作，「厚德載物」是自信力的效果。只有信仰，才能夠永生。只有信仰，才能夠合眾。人的生活是時時在死滅的當中。如果人人專靠著一個打算時，何處去生出死裡求生的威力？

宗教是信仰的一個表現，而信仰不一定是宗教，這是在今天說明信仰時所必須具備的知識。所以信仰這一種心理，許多學者用「宗教性」一個名詞來說他，這是在宗教墮落和宗教革命期中的適當用語。俄國今天已經在共產黨的治下，而共產黨是以反抗宗教為黨義的。但是從莫斯科回來的人，誰都曉得莫斯科的民眾是生活在熱烈的信仰當中，而信教的虔篤和革命前途沒有兩樣，無論是與非，俄國布爾色維克[5]的革命是成功了。中國的青年看見反宗教的革命可以成功，而不曉得他仍舊是「反宗教的宗教力」的成功，是信仰的成功，要那樣熱烈信教的國民，才產生得出那樣熱烈的反宗教的革命。他的革命成功了，怎樣是他的成功，一方面的反共產的新經濟政策，一方面的尊重信教自由的政策，星期日一切教會堂裡熱烈虔誠的民眾和每天震動一切都市村落的鐘聲，正是俄國民眾「能夠建國的永久生存力」的表現了。

一個城隍廟裡，城隍老爺高坐著，香煙繚繞，燭炬輝煌，下面跪拜著成百或千的男女，他們信仰什麼？一個黑夜挖洞的賊，他禱告說：「神呵！請你保佑我不要犯案，我十五日買一隻雄雞來謝謝你。」隔壁正是被那賊偷了東西的失主，他禱告說：「神呵！請你保佑我，使我能夠破獲偷我東西的賊，使我被偷的東西能夠回來，我買一個豬頭來謝你。」這樣一種打算的國民，哪裡去找信仰，這是「迷」極了的一群愚人，是愚極了的一群弱人，是弱極了的一群沒有將來的半死人。把這樣的迷信做對象去反對信仰，是中國人的一個極大的錯誤。信仰是無打算的，是不能打算的，一有了打算就不成信仰。尤其是一個民族，在生存競爭劇烈的當中，如果人人這樣打算著，絕沒有人肯拚著必死自己炸沉了自己的船去封鎖敵人的軍港，絕沒有拋卻有一切所得去研究目前沒有一樣效力的純正學問，絕沒有人捨了自己的財產去救濟社會國家的危難。「下井救人是不行的」，這是中國人普通的觀念。如果沒有下井救人的決心，連不下井而救人的方便事也沒有人肯去做了。「下水思命，上岸思財」，這一種打算的民族，何從產生奮鬥的精神，何處去創造永久的歷史，一切思想行為，何從有徹底的究竟。心裡想共產革命，口裡說國民革命，手裡作的是個人主義的生涯，這一種矛盾的虛偽的生活，是從打算裡來的謬誤。世界一切都是真實的，如果沒有真實的努力，創造是做不成，模仿也是做不成。且看今天的中國，無論什麼好的理論，好的制度，一到了中國，立刻會變相。通電的主張，報紙的批評，群眾的口號，哪一樣不是很正大堂皇的。然而實際怎麼樣？王亮疇[6]說過一句極調皮的話，他說：「中國人的事，你望壞處一猜就著。」這真是中國人亡國的表現呵！

我們細細考察日本的信仰生活，的確比中國人要純潔得多。我們很認識得出他們的信仰生活是較為純潔的、積極的、不打算的。他們的犧牲精神，確是由這一種信仰生活的訓練而來。就宗教來看，無論是哪一教那一宗，我們看得見他的教義和組織，比起中國人來，確是真創的。他們大多數的信徒，不是像中國的信神拜神一樣，作自己利益的打算。他們有一種把自己的身體，無條件的奉給神的決心。有一種「絕對的」觀念。對於宇宙和人生，有一種「永久」和「一切」的觀念。他們能夠把自我擴大，造成一種「大我的生活」。他們「物質的無常觀」是立在一個很積極的「精神的常住觀」的上面。這些觀念，不是從和尚的唸經、神官的祝告、牧師的說教裡去看，是從社會實生活的種種相，尤其是男女的戀愛和戰爭兩件事上面去看出來。我們看中國人的男女生活，真是枯寂悲哀到極點。中國人的家庭裡面，固然看不出一種熱烘烘的愛力的結合來。連野男女的自由結合，也都是很冷冰冰的打算。在這種地方，或者很多人不把他拿來同信仰生活一樣看待。不曉得人類的生活，在一切真實性上，有一個絕對一致點而尤其是生命的存在，不容有一點虛假的。男女的關係，是人類生命的總關鍵，他在「生」的意義上，只有和「殺」的意義集中的戰爭，可以相提並論。在生死過程當中的「食」的問題，尚不足與之比大。性生活的虛偽和打算，可以說是生存意義的錯誤消失。一個民族到得把男女關係看成遊戲時，他的生存意義已經衰弱。

到得在男女關係上面只剩得一個打算的時候，他的生存的意義，可以說是完全絕了。

自殺是一件頂懦弱頂愚蠢的行為，是最無自信力的行為，而且是最貪生的結果。如果一個人生存的能力是強的，具備一個頂天立地的信仰，把宇宙人生，看得透透徹徹，一往直前，毫無愧怍地行過去，無堅不破、無敵不摧，什麼惡魔，也都可以服下去，何至於在生死的道途當中，恐怖憂疑，至於怕死到極點貪生到了極點的時候，走到「不敢生存」的絕路上去。固然社會的一切制度，一切習慣，足以在有形的無形的上面，壓迫著個人，使個人社會的生存，生出不可救的缺陷，於是把個人逼到自殺。然而這一種「社會的生存意義上的缺陷」，如果個人不是在外的生活上自己造成缺陷時，內觀的心理上，也絕不會體認出罪惡來，而自己苛責自己，至於自刑。倘若很真確的認識缺陷是在社會，那麼自己的生命的意義，也可以體認到和社會同大而敢於對社會作一個緊對手的敵人去摧破他。如果鬥不過而死，還不失自己承認自己生命的意義。所以最貪者莫過於自殺，最弱者莫過於自殺，最無自信者莫過於自殺。在人道的意義上，最殘忍的更莫過於自殺，在精神的生活上，最矛盾最紛亂而不能統馭的心理無過於自殺。佛家說，「一切罪惡以自殺為最大，殺人尚有成佛之因，而自殺絕無成佛之果。」這一個判斷，是從很多方面判斷而下的總評，的確是確當的。但自就「自殺」一個行為而加以分析研究時，我們很看得出世界自殺最多是日本，他們對於自殺的觀念，確有和其他民族不同的處所。我們可以說，「自殺的觀念，在最和其他民族不同的地方，最最看得出日本人的特性，而這一個特性，最足表現日本人的強點。」我這一個觀察，並不是批評自殺者的本人，而是就他的觀念上看出他背後的社會生存意識的特質來。

日本人的自殺，我們可以用兩種區分來研究。一種是普通和別的民族沒有分別的，懦弱至於不能生存，乃至不敢生存的自殺，屬於這一種。一種是很特殊的，在自殺者的心理狀態上，捨得有一種積極的意義，物質無常和精神常住兩種觀念，很明晰地現出在自殺者的意識上面。在別的民族，自殺方法的選擇，普通是選擇世人所認為痛苦最小的最消極的不須努力的方法，行投水投環者之多，全是為此。而在中國，更多一種吞鴉片煙自殺的人。在這一種人當中，有許多自殺的決心很不明確，最後因為到底遇不著救星或是救的方法時間錯過了而死，然當其服毒時還是希望著中途遇見救星，使他既可以不死而他生存中的可憐又得原諒，這更是懦弱至於不敢生存時尚存著不願死不願即死的倖存心理。在這一種心理當中，絕不看出半點物質無常和精神常住的觀念來。日本人的切腹，絕不是如此的。切腹是痛苦最多的、積極的，必須努力而後能達到目的的自殺方法。自殺者在死的時候，還是積極的保持住很明晰的生存意識，很堅強的奮鬥精神，到最後一剎那為止，不願意抛卻努力的義務，不使身體有傾斜，不使十字紋有偏倚，不把使用後的武器隨意散亂著。生存中作他生存意義的主義，是貫徹到底，更不存在著自殺途中幸而得救的打算。由思想所生的信仰，由信仰所生的力量，繼續到他最後的一剎那。

情死的事，更是值得我們注意的。有很多情死的人，不是為達到自己的目的而且不是為達共同的目的，是為達所愛的對方的目的，很勇敢地積極的作所愛者的犧牲。他們的世界是很小的，只有相對的二人間的絕對的戀愛是他們的世界。他們為了這一個世界能夠捨去一切世界。情死的事，不用說最多是在花柳社會，其次是社會階級不同的男女間的戀愛。這兩種境遇，都是打算最多的境遇，而有許多的男女，會把一切打算抛卻，這一種「超世界間的性生活」，是墮落的、懦弱的、苟且偷安的、放縱貪淫的性生活社會中的男女們所意想不到的。熱烈的性愛和優美的同情，這兩重性的超性的生存意識；是引著他們走向死路去的動因。在中國的北地胭脂史上已經沒有這種激越的性行供我們追懷，南朝金粉史上更看不見這種深刻的人生意義。在自殺這一種死的事實上看得出很豐富的生意來，是日本民族一種信仰真實性的表現。

至若在戰爭的歷史上，可以給我們堅強而深刻的印象的事實，更是很多很多了。這幾年當中，中國國民戰鬥能力的確是增進好多了。我常說：「這十幾年來國內的戰爭，在幾十年回頭一看，才可以曉得為了要訓練國民戰鬥能力而設的真劍演習。其他一切個人的地方的乃至黨派的目的，都不是要造成這種真劍演習不能不有的動力。而真正的目的，是目前的人們所不能知道的。」這個批評，我總希望他是真實的。但是生存的意義上如果沒有一個大的革命，這一種戰鬥的訓練，對於民族能力的增加，功效是很小的。士兵們為了十幾塊錢，官長們為了陞官發財，子女玉帛，把這些很小的打算做全部意義的戰爭，正是太過把生命看得輕了。古人說：「死有重於泰山，有輕於鴻毛。」這兩句話或者說明的方法不完全，然而要在物質無常的上面，建設精神常住，在小我的裡面，顯出宇宙我的力量，實際些說，就是要離卻了個體生死的觀念而置重群眾的生死，如果這樣主義的戰鬥觀念不徹底、不堅強，民族戰鬥力不會增加，打算的競爭，當不起不容打算、不能打算的戰鬥。中國人在過去一千幾百年當中，所以敵不過四圍強蠻小民族的緣故，都是為此。這一回的北伐戰爭何以一到長江，便生出很多破綻來？固然英國的壓迫、日本的壓迫、共產黨的壓迫，這三個大壓迫是使我們失敗的原因。而打不過腐敗墮落的社會，破不了打算的因襲，更是我們的弱點之一。這一個弱點，是中國民族通有的，誰打得掉這一個弱點誰就成功。總理給革命軍下的定義說：「一個人打得過一百人就是革命軍。」這個話是真實的。我們要用精密一點的話來講，就是「能把一切私的計算抛開，把永久一切的生存意義建設起來，從死的意義上去求生存的意義，為信仰而生、為信仰而死的軍隊，就是革命軍」。信仰的形式和內容有不同，而目的只是一樣。一個民族，如果失卻了信仰力，任何主義，都不能救得他起來。「要救中國，要把中國的自信力恢復起來。」這一個偉大而深刻的精神教育，在今天總應該有人明白了罷！

這幾年來中國的思想界，龐雜極了，但是我們看得出一個很大的進步來，就是從前一切戰鬥，沒有達到思想戰爭的地位。思想的戰爭，只是限於思想的形式，不曾曉得思想就是生命，思想不統一，則是生命不統一，思想的不同，可以生出很悲慘激烈的戰鬥。這過去三年的經過，在十五年來民族戰鬥力訓練之真劍演習上，加上更重要的意義了，現在訓練到作戰基本動力的思想上來了。思想不是紙上的空談，不是不負責任的兒戲，是生命的中心。思想不變成信仰時，不生力量，不到得與生命合為一致時，不成信仰。鄙棄信仰的唯物史觀，絕不能說明人生的意義，更不能說明民族生存的意義，偉大的三民主義，偉大的民族史觀呵！

1 平江不肖生（1889－1957），武俠小說家。

2 語出《易經》，指君主省察四方，觀察民情，以訂出能感化民眾的教令。

3 王秀楚著，記載明末清初清軍攻破揚州的事件。

4 清初作家孔尚任寫的劇本，以愛情故事反映明末南明滅亡的歷史劇。

5 即布爾塞維克，俄語中的「多數派」，為俄國社會民主工黨中的派別。

6 王亮疇，國民黨籍，曾任國際法庭法官。

最使我們注意的，是造園、盆栽、生花。把某處的天然風景縮小若干分之一成為一個園林，把某處的某一株松柏的奇古形態作標本造一個盆栽，把某一家的畫法作基礎開出一種生花的流義……潛伏著很特殊的想像力和創造力，使死的東西添出生意。

好美的國民

人類的生活，除了信仰生活而外，最要緊的，要算是「美的生活」罷。「據於禮，成於樂，依於仁，游於藝，……」[1]這四句話說明文明的要義，可算是精微了。禮是什麼，就是社會組織的制度。社會不能不有組織，組織不有制度時，他的組織力是不確定的。人類的生活，絕不是無情趣的、無機的一個形骸，他成為生活的緣故，是要有一個生活的機能。生存意識是生活機能的主體，而生活的情趣更是推進生活的動力。所以一切生物，號為「有情」，真是很巧妙的學語。一代的革命，是改革一切社會組織的制度。但是在社會組織的制度未改革之先，推動社會生活的情趣，必然先起一種變化，生一種的改革。信仰生活的革命和藝術生活的革命往往先社會制度的革命而起，後制度革命的改革而成，到得它完成時，又是變化將起的時代了。這樣遞換不已，就成社會的進化。

我想要於論日本人信仰的生活之後，接著論他們的藝術生活了，詩歌、音樂、繪畫、雕刻、園林、建築、衣飾乃至一切生活的形式，無處不有美的必要。美是人類文化的一個最大的特質，也是一個最大的需要。把「美」的意義卻除了的時候，將無從去尋人類文化的原素。我們看一切生物，它都具備特殊的「色香」，而這特殊的色香，一面是它生存必須的工具，同時更是推進它的生活的動力。性是生命的起點，所以「美」的表現，更常常和性的生活成密切的關聯。這一個事實，我們尤其是在禽類的形態聲音當中看得最親切。雌雄競爭最劇烈的鳥類，他的聲色美特別比競爭不劇烈的鳥類彰著。在人類當中，美術進步而普及的民族，也就是創文化能力最大的民族。

我們並且看得見，民族的特性，表現得最明白一點不容假借的，是在他的信仰生活和藝術生活兩方面。同是一個宗教，傳到異民族的社會裡，它的性質，完全會變了一個。

中國佛教和日本佛教的不同，是很明顯的。不單宗教如此，宗派也是一樣。中國的禪宗和日本的禪宗，無論僧侶居士，都完全不相同的。中國的禪和尚禪居士，不是晉人的清談，便是宋儒的性理，等而下之，便是借教外別傳，不立文字，直參微妙，不借修為為口實，偽造禪機欺騙大眾。日本的禪和尚禪居士，何嘗不是有很多的毛病、很多的虛偽。在武家時代那一種真創的鬥爭社會中，坐禪、劍術、柔術，都成為鬥爭的精神訓練的要義，而禪定可以變為軍隊的最高統率，劍術的最高的秘奧，戰鬥的最高策略。無論你自己說是怎樣高明的禪師，要在「戰鬥」和「死」的考試上不落第，才可以算為初等及第。

藝術生活上看出的特質，也是多極了。他的特質如何，我們可以看出兩點：一點是戰鬥的精神，超生死的力量；一點是優美閑靜的意態，精巧細緻的形體。前者是好戰國民戰鬥生活的結晶，後者是溫帶島國之美麗的山川風景的表現。如果用時代來說，前者是武家時代的習性，後者是公家時代的遺音。就地方來說，前者是表現東國和西南國的短衣，後者是表現京都的長袖。固然這種分別都不是絕對的，而且橫的交通、縱的遺傳的變化，經過很長久的時期，已經由混合而化合，造成了一種不易分析的日本趣味。這一種日本趣味，很不容易以言語形容，也不容單講一兩點所能概括。然而我想稱讚他一句話，就是「日本人的藝術生活，是真實的。他能夠在藝術裡面，體現出他真實而不虛偽的生命來」。我遠想稱讚他們一句話，就是「日本的審美程度，在諸國民中，算是高尚而普遍」。如果我們從他的德性品格上去分析起來，崇高、偉大、幽雅、精緻，這四種品性，最富的是幽雅精緻，缺乏的是偉大崇高，而尤其缺乏的是偉大。中國古代人說起美的對象，總是舉出日月星辰，碧霞蒼穹來，什麼滿天星斗煥文章，也是用來形容美術的慣語。大平原的國民，審美的特性，當然如此。至若山川美的豐富，在這樣一個大陸的國家，更非島國可比。日本人標榜為美的極致，不過一個富士，偉大崇高，也不足比中國諸名山。不過他在一個海國山地當中，溪谷岡陵，起伏變幻，隨處都成一個小小丘壑，隨地都是供人們的賞玩，而這些山水，都是幽雅精緻，好像刻意雕琢成功一樣。這樣明媚的風光，對於他的國民，當然成為一種美育，而自然的賞鑒，遂成為普遍的習性。

《徒然草》的序文上說：「在花間鳴的黃鶯，水裡叫的青蛙，我們聽到這些聲音，就曉得一切有生的生物，沒一樣不會作歌。」這一種自然審美的趣味，在日本的確是很普及。不過氣局褊小，沒有平原廣漠，萬里無雲，長江大河，一瀉千里的氣度，是他一般的缺點。日本人一與中國人交際，最令我們感覺不愉快的，就是這一個性格。然而絕不是一、二百年乃至三、五百年所能變革的。日本人這一個民族，至少也有了二千幾百年的歷史。他在這二千幾百年當中，不斷地受著氣候、地理、歷史的感化陶融，連好帶破，成了今天這麼一件東西，好是他的習性，壞也是他的習性。我們現在所最需要知道的，不是他的好壞，而是他是甚麼。

一個民族在信仰生活和藝術上面，長處短處，都是不容易拋棄更變的。我們看許多亡了國幾千年的民族，乃至移轉了幾萬里的民族，而至今仍舊能保存他多少古代藝術的面目和審美的特性，如果具備這一種能力的民族，他的保持民族質量的力量，都具備相當的偉大。並且我們要曉得一種特殊的美術的成立，必定是要經過很長的年月，很多種類、很多次數的文明混合。而在調和和創造的上面，又必須保持著一種或數種民族要素的純潔性，尤其最要緊的是他的血統的純潔性，然後才能夠達到文化的爛熟期而成就一種特殊的美術。

日本的美術構成的成分是很多種的，中國美術和印度美術，不用說是最基本的要素。但是尤其要緊的是日本民族的特殊性。只要是稍微對中日兩國的美術有過一點經驗的人，無論是對於哪一種的作品，或是音樂、或是繪畫、雕刻、盆栽、插花、書法，都能夠一眼便看出它是中國的或是日本的。這一個特點的發現，比之發現中日兩國人身體面貌的差別，尤其容易而確實。正好像中國書法中，個性特質的表現一樣。一千個學王羲之的人，絕對是一千個樣子，各人的異點，是一點也不能隱藏、不能虛飾的。

日本民族一般比中國人審美的情緒優美而豐富，這恐怕是的確的批評罷。我們走到中國的農村去，看得見的美術，只有一塊石頭上畫著頭大於身的土地神，一塊木頭上刻著的財神、五通神、三官大帝、關老爺神像的壁畫、門神、門錢，紅色的春聯上寫著文不對題而又別字連篇的聯句，甚至除了安放一塊石頭以外什麼都沒有的社壇。但是這些地方我們還能夠從千篇一律毫無自然美的陶融人造美的創造當中，體察出一種素樸的意義來。城市裡面那些闊家的不透日光、不適空氣的四方五平的建築，和花園裡很辛苦地盤製出來綠葉中顯出白人頭來的花神盆景，乃至瓦房裡面掛著什麼草堂，城市裡面刻著什麼山館一類的匾額，名副其實的五步一樓，十步一閣的園林構造，這許許多多名堂，我們在日本是絕對看不見的。日本人對於自然美的玩賞，是很有一種微妙的情趣的。最使我們注意的，是造園、盆栽、生花。把某處的天然風景縮小若干分之一成為一個園林，把某處的某一株松柏的奇古形態作標本造一個盆栽，把某一家的畫法作基礎開出一種生花的流義，這些還是頂普通的外形。在這當中，更潛伏著很特殊的想像力和創造力，使死的東西添出生意。胡床邊的籬落，絕不使我們生城市山館的厭氣；優美的茶間當中的瓦壺竹檔，絕不使我們發生瓦蓋草堂的惡感；村落間牆壁上貼著的浮世畫，絕不令我們覺得有看三官神像那樣的劣等情緒；乞食的窮和尚，吹著古韻悠揚的尺八[2]，比之我們聽宣卷[3]，要生幾十倍的耽想中古時代歷史。這種種地方，都是人人很容易覺察得到的。

中國文化輸到日本，二千年的當中，發展的成熟期，大約可以分為兩個段落。第一個段落是完全模仿唐制的公家時代，所謂平安朝[4]的文化，可以算是最成熟的時代。這一個時代裡面，一般人民所接受的中土文化，只有被支配的法令、被宣傳的宗教。所以由統一的典章制度和學術的宗教信仰兩種很艱深的文化成熟起來的藝術，是貴族的專有品。從種種方面看，我們都認識得出他們的內容絕不淺薄，形式也絕不鄙劣，然而範圍是很狹隘而氣力是很微弱的。到得這一個文化爛熟了，便發生本身的破產。公家制度的衰頹，就是他文明腐化的證據。很像中國建康臨安時代的金粉文明，一樣是充滿了亡國敗家的氣象。於是政治上的統治，當然不能維持而變為群雄爭伯的時代。制度文物在殺伐爭戰的當中，黑暗了幾百年，直到得太閤統一群雄，家康繼承霸業，丟開了腐敗墮落的西方，在荒野的東海之濱，造出一個簇新的江戶文化，這是我們很值得注意的。我們要看得見日本文明的建設，是在很低級的民族部落時代，硬用人為的工夫，模仿中國最統一最發達的盛唐文化。這一種建設，當然不容易使民眾咀嚼得來的。由統一的公家制度變為分裂的封建制度，就中國的歷史比較起來，很像是開倒車。其實把當時日本社會組織和文化普及的範圍看來，便可以曉得封建制度的產生，是各地方需要文化，普及的自然要求。所以後來德川三百年的治世，不特把日本民族的勢力結合起來，而且把從前壟斷在京畿一帶地方少數貴族手裡的文化，普及開來。就藝術上，在德川中葉以後，民間文學民間美術的發達興起，是日本空前的巨觀。而且這一個時代的特色，是一切文藝，都含著豐富的現實生活的情趣。同時一切制度文物，也都把「人情」當作骨子。日本民眾好美的風習和審美能力的增長養成，確是德川時代的最大成績。研究他的現象和因果，是日本史上一個最專門而且重要的問題。我沒有作詳細批評的能力，也沒有作精深研究的工夫，我只提出這一個注意點來，要大家十分注意。

一個人如果不好美不懂得審美，這一個人的一生，是最可憐的一生。一個民族如果把美的精神丟掉，一切文化，便只有一步一步向後退，而生存的能力，也只有逐漸消失。「美」是生存意義當中最大、最高、最深的一個意義。除了信仰生活而外，美的生活，要算是最重要的了。人生的重要生活條件，中山先生舉出五樣，是食、衣、住、行、印刷。這一個分類，是就產業為主的分類法。便以此著想，無論哪一樣，都要是不僅只有，還要美，不僅只要美，還要不斷的要求美的發展進步。這樣的人生才是一步一步向上的人生。如果有了蕃薯吃，便永不再想吃米麥；有了棉布穿，便再也不想絲織；有了茅屋住，便再也不想高大華屋；只要披荊斬棘的走得通，便再也不想造路；有了雕刻黎棗的印刷術，便再也不想機器印刷。這種生活意識，說什麼文明，說什麼進步呢？並且在道德生活方面，好美的關係更大極了。一個人要求道德生活的進步，他的心理和好美是一樣的。不懂得好美的人，絕不要求道德的進步。即使有一種要求，也是很空虛、很錯誤的。中國講修身，把外的生活丟開，專講性理。結果不單物質的文明不得進步，連精神的文化，也一天一天倒退。把民族向上發展的能力殘破得乾乾淨淨，都是為此。

所以我論日本民族的特點，和尋他所以能發展進步的原因，第一我確實相信日本人具有一種熱烈的「信仰力」。這「信仰力」的作用，足以使他無論對於什麼事，都能夠百折不回，能夠忍耐一切艱難困苦，能夠為主義而犧牲一切，能夠把全國民族打成一片。保守的人，他真能頑固到用性命去維持他所要保守的目的物。革命的人，他真能夠把生命財產一切丟開，努力作前進的戰鬥。日俄戰爭時候他們那一種肉彈的精神，無非是信仰力的表現。第二個特點，我就舉出好美這一件事來。這和信仰同樣是民族最基本的力量。有了這兩個力量，一個民族一定是能夠強盛、能夠發展。只要這兩個力量不消失，民族絕不會衰亡，我希望中國的青年們要猛醒呵！

1 語出孔子《論語》〈述而〉篇，原指進德修業的方法。

2 尺八：中國傳入日本的管樂器。

3 宣卷：宋元 期繼承唐代佛教說法發展出的新說唱藝術。

4 平安朝：指七九四至一一九二年間，以平安京（京都）為首都的歷史時代。

尚武的習性、組織、制度，一定靠平和互助的習性去調和它、幫助它，才有真實的用處。「為生存而競爭，為競爭而互助」，這是生活的本能。

他們的貞操觀念，不是建築在古代禮教上，而是建築在現代人情上，也較中國自由妥當得多。

尚武、平和與兩性生活

一個小民族，要想發展進步，尚武當然是一個最必要的習性。日本人的尚武，是人人知道的，他們在社會上種種的風習，與乎各種組織制度，處處可以表示出他們尚武的精神來。這一點倒是十幾萬留學生，人人替日本人宣傳得夠了，用不著我再來說。我想要特別說明的，倒是充滿日本社會的一種平和互助的習性。我們一定要瞭解，尚武的習性、組織、制度，一定靠平和互助的習性去調和它、幫助它，才有真實的用處。「為生存而競爭，為競爭而互助」，這是生活的本能。尚武是為競爭而有的德性，平和是為互助而有的德性，兩者同時是天生成的。無論怎樣野蠻殘酷的社會，都有多少平和的習性。如果天下有不會流淚的人，有不會流淚的民族，那麼或者他會絕對不懂得平和的，如果不然，無論怎樣好勇鬥狠，一定是有一種平和的情緒，流在民族生活的大平原當中。

日本人尚武的風氣，不只是在封建時代幾百年當中養成，是他開國以來一種新民族的生存必要上產生出來的習性，在前面幾章裡，處處都有說明了。而他們和平的習性，表現到社會風俗上成為一種制度，這確是中國文化和佛教文化普及發展的結果。固然，平和的佛教，到了日本，帶了許多殺伐性，中國講仁愛講中庸正道的孔子學說，會造成日本古學派的山鹿素行的神權說來，這是證明思想會隨境遇而變化。可是我們再翻過一面想，日本這個山間蠻族，如果不得到中國印度的文化，他自己本身，絕不是在二千年的短時期當中，發展得出高尚的文化來的。豈不是至今還是吃人肉、喝人血的鬼麼——日本的傳說，有說上古時代，日本地方住著一種「鬼」，是最野蠻的原人，專門吃人肉、喝人的血。

尤其使我們特別注意的，就是日本社會生活當中一切平和的習性，都是佛教種種教義、教儀、教禮的表現和中國文化的「禮教」的表現。直接淵源於日本固有神道的思想行為是尚武，直接淵源於中國印度的思想行為是尚文。更就精神生活的分析上說，日本的信仰生活，產生尚武的風習，而藝術的生活，產生平和的風習。我們試把日本所有的藝術，分門別類，一件一件的研究，的確很少發現和戰鬥相關的藝術。除了武器的裝飾和狂言當中關於戰事的題材而外，多是表現平和思想與平和生活的。「茶道」「插花」兩種特殊藝術的流行，並且是專為打消武家殺伐的習性化干戈為玉帛起見，這是歷史所明白告訴我們的。

日本民族的文明，年代是很淺的。封建制度的廢除，不過是六十年前的事情。然而社會的文化，確是比中國進步得多。各種野蠻的械鬥，和名實相符的部落生活，在日本內地，是非常之少的。中國北方的寨子，南方的堡，這種完全是聚族而居的部落，在大一統的放任政治下面，他們過的生活，還是日本封建制度以前東南、東北各地民族制下的生活。法律的效力，不能保障人民的生活，而政治的效力，不能強制人民的行動。再加上一個專制的愚民政策，於是中國民族的文化，除了腐敗墮落的長江而外，和北方諸胡混合的黃河流域，和苗傜雜處的西江流域，連封建制度的干涉政治的訓練也沒有受過，一天一天向野蠻方面退化，這是很當然的。日本的社會裡面，所以確實流行著中國禮教的好處，而中國只保留著禮教的腐敗無用的墮力，就是這個緣故。

我們從前住在日本的時候，那時日本的人口，沒有今天這樣稠密，資本主義沒有今天這樣成熟，由金錢造成的階級區分，沒有今天這樣明晰，生活沒有今天這樣困難。那時日本社會生活的情況，還保存著不少舊日的良好風習。凡是二十年前到過日本的人，都很知道的。便是在歐洲戰爭之前，京阪繁華，已絕非日俄戰前可比，但是社會的矛盾和裂痕，尚不如今日之甚。直到大地震[1]之後，民眾的心理，隨著生活動搖，才起了絕大變化。變化的方向，可以一言蔽之，就是「由安定向不安定，由平和向不平和。」偏偏很奇怪，社會人心，一天比一天向不平和方面惡化，而尚武的精神，亦一天比一天消失。信仰心是比從前減少了，而一方面迷信卻比從前加多了。反宗教的運動，和無政府的傾向，剛剛與迷信的流行，成一個正比例。經過一千幾百年才嚼融了中國文明、印度文明，調和在日本人的血液裡，造成一種特殊的趣味，現在這日本趣味，卻是一天破壞一天，一天減少一天。這一次我隔了六年後到東京，一切聞見，差不多有隔世之感。簡單說：

一、日本人的自信力減少，由自信力減少，而社會的民族的裂痕，便一天一天擴大。因為信仰漸趨薄弱的緣故，迷信的增加，卻是五花八門，和三年前我在四川所感覺的，程度雖有不同，而方向完全一樣。任何階級，都是被打算的商業心理即日本人所謂「町人根性」支配著。

二、民族的信仰心減少，同時就是民族美術性的破壞，尚武精神、和平精神的低落。對於過去的感激，對於將來的希望，越是崩壞，而對於現在的賞玩精神，也就漸漸崩壞。所謂「日本趣味」，在東京、大阪那樣大都市裡面，差不多要看不見了。

三、平和的好美精神和賞美習慣，被一刻不停的鬥爭生活打破，社會生活失了平和性，而人生的內容，便一天比一天寂寞枯燥。生活的疲乏到了極度，自動的尚武變了被動的爭鬥。社會組織的缺陷，一天擴大一天，於是全社會都充滿著革命的恐怖空氣。

這些是大都會的現象，然而在離都市較遠的地方，還可看得見日本的本來面目，這些變動的情形，且放到後面再講，現在先講十五年以前日本社會的平和相。

日本民族，是最歡喜清潔整齊的，他們的生活，一般都很有規律。又是一個最講禮教的，他們的禮教，和中國老先生口頭的性理，和早已變成殭屍的禮教、惰力支配著的中國社會絕然不同。支配日本社會的繁文褥禮，比之中國，還要厲害得多。但是那些形式，還活潑潑地各自有它的效用，並不曾變著禮教的化石。我們且先從日本人的家庭看起，日本人的社會，是一個男權的社會，女子是絕沒有地位的。所謂三從四德賢母良妻，這些道德標準，在日本是很確實地存在著，很生動地行使著。可是再沒有像中國那樣把女子關鎖在後房裡，不許與人見面的習慣。女子的言語行動，在一定的制度下面，是有相當的自由的。女子對於她的丈夫，是絕對服從，絕對恭順。每天丈夫出門回家，必定是跪迎跪送，但是她這一種跪送，已經成了一種很活潑的自動的動作。女子所使用的語言，和男子所使用的語言，在文法上、修辭上，是絕對不同的。任何時候，任何地方，很少聽見有女子使用普通的簡語。男子卻是不同的，在社會交際上，中流以上的男子，他們有幾種的交際語，這些交際語，處處都相當的表現出男性。在很恭順地向對方使用最敬語的時候，也處處很留意地保持著人格的威嚴。

男子在幼年稚年時代的用語，已經很顯明表現男子的獨立性和自尊性。這種地方，學校和家庭裡面，都是很獎勵的。在這樣一個男女階級最彰著而且懸殊的社會裡面，卻有一個很特殊的和中國不同的地方。我們且把他比較論出來。

一、中國的男尊女卑，是一個表裡很不相同的畸形制度，尤其在上層階級的家庭裡面，更是如此。一方面有極端男子虐待女子的事實，一方面更極端的有女子壓迫男子的事實。男子在名譽的壓迫下面，虛偽的忍耐和虛偽的隱瞞是很普通的。而日本的社會絕不如此。女子對於男子絕對服從的對面，是男子對於女子的絕對保護——固然也有例外，然而例外很少。具備威嚴的保護愛和具備同情的體諒愛在很巧妙的組織下面調和著。我們在日本社會裡面，很少看見有女子對男子的河東獅吼，更少看見有男子對女子的虐待。愛護弱者這一種武士的道德，尤其在男女間是看得很親切的。雖然也有置外妾的事，但一夫一妻的制度，比較確實地維持著，妻妾同室的事是絕對沒有的。所以日本人的家庭，比起中國人的家庭來，要圓滿得多。我常覺得日本的男子在他的奮鬥生活當中，有兩個安慰，一個是日本人所最歡喜的熱湯沐浴，一個就是很溫和的家庭。日本的女子對於她的丈夫，的確可以安慰他、同情他，使在社會上吃一整天苦惱的男子由一夜的安慰而消除他的疲勞的精神。中國男子很普遍的家庭苦，在日本社會是絕不經見的。

二、中國的蓄婢制度在日本是沒有的，同時中國這一種虐婢的事實在日本更是沒有。階級分限很嚴格的封建制所產生的日本社會裡，主人對於使用的婢僕，絕不像中國都會地方的習慣那樣無情冷遇。他們家庭裡面的使用人，很像是家庭一部分的組織分子。主人對於使用的人，處處都看得出一種溫情，這一種溫情，不是發生於個人的性格，而個人性格的養成，倒是緣因於制度。現代的都市生活下面漸漸地把這一種溫情的從屬關係打破了。契約的責任觀念，替代了階級的從屬觀念。不過在中國這種畸形的虐待和變相的佣金制度，在日本社會裡面，我是不曾見過。

三、宗法社會的男系家督相續制和財產相續制，是連成一個東西的，這也是封建制度下面必然應有之義。但是長男對於次男以下的家屬的義務觀念，也是很明確的。這一層情形，更是和中國絕對不同的地方。

四、許多中國人，以為日本女子的貞操觀念淡薄得很，以為日本社會中的男女關係，差不多是亂交一樣，這一個觀察完全錯誤。大約這是中國留學生的環境，和他們的行為，很足以令他們生出這樣的錯覺來。日本人的貞操觀念的確和中國人有很大的不同的地方，然而絕不像中國留學生所說的。第一，日本人對於處女的貞操觀念，絕不如中國那樣殘酷。第二，日本孀婦的貞操，固然也主張的，然而社會的習慣，絕不如中國那樣殘酷，至於有逼死女兒去請旌表的荒謬事件。第三，日本人對於妓女，同情的心理多過輕蔑的心理。討妓女作正妻的事，是很普遍的。尤其是維新志士的夫人，幾於無人不是來自青樓，這也可以證明日本社會對於妓女，並不比中國社會的殘酷。第四，日本的婦人的貞操，在我所曉得的，的確是非常嚴重，而且一般婦人的貞操觀念，非常深刻，並不是中國留學生所想像的那樣荒淫的社會。一般來說，我覺得日本的社會風紀，比之中國的蘇州、上海，只有良好絕不有腐敗。而他們的貞操觀念，不是建築在古代禮教上，而是建築在現代人情上，也較中國自由妥當得多。

1 指一九二三的關東大地震，此地震對東京、橫濱造成毀滅性破壞，至少有十萬人死亡。

國家圖書館出版品預行編目資料

日本論：一個外交家的日本風俗、政治、文化考 / 戴季陶作. -- 初版. -- 新北市：不二家出版：遠足文化發行, 2018.05
面；　公分
ISBN 978-986-96335-1-2(平裝)
1.文化 2.民族性 3.日本
731.3　　107006307

日本論：一個外交家的日本風俗、政治、文化考

作者 戴季陶 ｜ **責任編輯** 周天韻 ｜ **編輯協力** 林慧雯 ｜ **封面設計** 倪旻鋒 ｜ **內頁插圖** 比利張
內頁設計 唐大為 ｜ **行銷企畫** 陳詩韻 ｜ **校對** 魏秋綢 ｜ **總編輯** 賴淑玲 ｜ **社長** 郭重興
發行人兼出版總監 曾大福 ｜ **出版者** 大家出版 ｜ **發行** 遠足文化事業股份有限公司
231 新北市新店區民權路108-2號9樓 電話 (02)2218-1417 傳真 (02)8667-1851
劃撥帳號 19504465 戶名 遠足文化事業有限公司 ｜ **印製** 成陽印刷股份有限公司
電話(02)2265-1491 ｜ **法律顧問** 華洋國際專利商標事務所 蘇文生律師 ｜ **定價** 280元
初版一刷 2018年5月